そのまま使える

アイスブレイク

の

アイデア帳

会社でも学校でも
確実に "場" が暖まる 33 選

ワークショップ探検部 著

松場 俊夫・広江 朋紀・児浦 良裕・佐野 和之・白土 詠胡

JN067893

本書の使い方

　本書では、誰でもいますぐアイスブレイクを実践できるように、各プログラムについて、あらかじめ準備しておきたいものから具体的な手順まで、詳しく解説しています。また、それぞれのアイスブレイクが使える場面や用途なども示しているので、目的や場に合わせて活用してください。

アイスブレイクの通し番号です。本文中は、**IB02** と記載しています。

目安としての所要時間を示しています。

体のアイコンは体を使うアイスブレイク、頭のアイコンは頭を使うアイスブレイクを表しています。

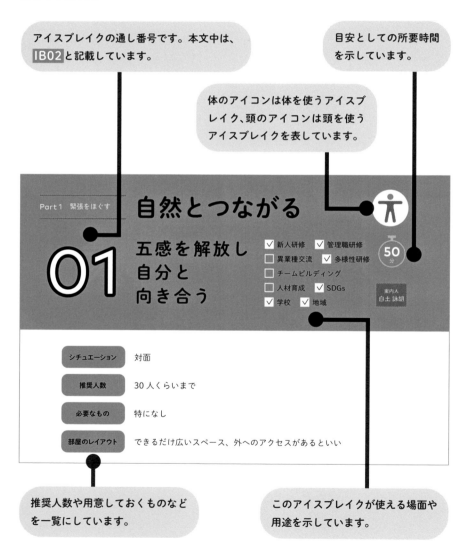

Part 1　緊張をほぐす

自然とつながる

01

五感を解放し
自分と
向き合う

- ☑ 新人研修　☑ 管理職研修
- ☐ 異業種交流　☑ 多様性研修
- ☐ チームビルディング
- ☐ 人材育成　☑ SDGs
- ☑ 学校　☑ 地域

50分

案内人
白土 詠胡

シチュエーション	対面
推奨人数	30 人くらいまで
必要なもの	特になし
部屋のレイアウト	できるだけ広いスペース、外へのアクセスがあるといい

推奨人数や用意しておくものなどを一覧にしています。

このアイスブレイクが使える場面や用途を示しています。

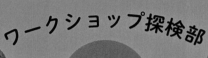

ワークショップ探検部

憲 章

1 私たちは、ワークショップをすべての参加者に意義あるものとなるようにデザインします。

2 私たちは、常に新しいワークショップの可能性を探ります。

3 私たちは、ワクワクする心を常に忘れず、新しいワークショップを生み出します。

4 私たちはワークショップで、答えのない課題に取り組みます。

5 私たちはワークショップで、人々が共創できる社会づくりに貢献します。

松場 俊夫 （まつば・としお）

NPO法人コーチ道 代表理事

組織人事コンサルタント／ファシリテーター／コーチ

- MBTI認定ユーザー
- CRR Global認定
  組織と関係性のためのシステムコーチ（ORSCC）

関西学院大学商学部卒業後、（株）リクルート入社。就職情報誌、旅行情報誌におけるコンサルティング営業に従事。退職後、アメリカンフットボールのプロコーチとして、日本選手権で5度優勝を経験。2007年W杯日本代表コーチにも選出。現在、企業やスポーツの領域で講師・ファシリテーターとして、5万人以上に研修やワークショップを実施。「人はなかなか変わらないけれど、変わるときは一瞬である」。その瞬間に立ち会うことが何よりも楽しみで、「人の成長」に関わることがライフワーク。2022年大学院大学至善館 経営修士修了。

児浦 良裕 （こうら・よしひろ）

学校法人聖学院 教育デザイン開発センター長

聖学院高等学校 情報科・数学科・家庭科講師

共愛学園前橋国際大学 非常勤講師

- レゴ®シリアスプレイ®メソッド・教材活用
  トレーニング修了認定ファシリテーター
- 脱炭素まちづくりファシリテーター

大学卒業後、（株）ベネッセコーポレーションで、法人営業・マーケティング職や新商品開発職などに16年間従事した。その後、聖学院中高の教員に転職し、数学・情報・家庭科の授業を9年間担当。教育企画部長・国際教育部長・広報部長などを歴任し、直近では高校新クラス設置統括長を担当した。また、入試開発担当として、LEGOを使った中学入試を開発、運営してきており、各種メディア等で取り上げられている。現在は、同法人の小中高3校の連携教育や高大接続・高大連携教育をデザインしながら、高校の探究型授業や大学初年次教育の授業も担当している。

の案内人たち

新しいアイデアや発見につながるワークショップの世界を楽しみましょう！

広江 朋紀 （ひろえ・とものり）

（株）リンクイベントプロデュース
組織開発コンサルタント／ファシリテーター

- CRR Global 認定
  組織と関係性のためのシステムコーチ（ORSCC）
- 米国CTI認定
  プロフェッショナル・コーアクティブ・コーチ（CPCC）

産業能率大学大学院卒（城戸研究室／組織行動論専攻／ MBA）。出版社勤務を経て、2002 年に（株）リンクアンドモチベーション入社。HR 領域のスペシャリストとして、採用、育成、キャリア支援、風土改革に約 20 年従事し、講師・ファシリテーターとして、上場企業を中心に 1 万 5000 時間を超える研修やワークショップの登壇実績を持つ。参加者が本気になる場づくりは、マジックと呼ばれるほど定評があり、「場が変わり、人がいきいき動き出す瞬間」がたまらなく好き。育休 2 回、3 児の父の顔も持つ。

佐野 和之 （さの・かずゆき）

かえつ有明中・高等学校 副校長
一般社団法人こたえのない学校 アドバイザー

埼玉県私立中高一貫校での勤務を経て、2014 年同校で「学ぶことの喜び」を追究する新クラスの立ち上げメンバーとして赴任。中学では様々なプログラムの体験を通じて、「新しい学び」を展開している。また共感的コミュニケーションやU理論、マインドフルネスなど多岐にわたる分野から教育のあり方を模索し、先進的に実践している。「共感的コミュニケーション」や「パターンランゲージ」などを使った教師間のチームビルディングの研修を実施している。

GUIDES

白土 詠胡 （しらと・えいこ）

（株）いかす取締役
チームケアテイカー
つなぐカンパニー代表
組織開発コンサルタント／ファシリテーター

大学卒業後、人材サービス企業に勤務。その後（株）リクルートマネジメントソリューションズ組織行動研究所研究員を経て、コンサルタント・コーチとして独立。組織開発コンサルティングを行いながら、チームや関係性改善のプロフェッショナルとして活動し実績を積む。2020 年 9 月より、株式会社いかすに本格的に参画。オンラインショップやサステナブル・アグリカルチャー・スクールの運営を行いながら、就農支援を視野に入れたプログラム開発や、" 農業 " においての新しい組織づくりについても挑戦している。

目 次

Part 1　緊張をほぐす

Part 2　お互いを知る

Part 3 　対話を活性化する

Part 4 　発想を豊かにする

Part 5 イベントを盛り上げる

Part 6 Q&A

ワークショップ探検部ミーティング 02

ワークショップ探検部
ミーティング01

アイスブレイクは
WS の目的、場、
お互いとつながるきっかけ

💬 アイスブレイクから始めよう

松場 今回から新しいメンバーがワークショップ探検部に加わりました！せっかくなので、自己紹介代わりにアイスブレイクから始めましょう。

では唐突ですが、「超能力で世界を1日だけ好きなように変えられるとしたら、どうしたいですか？」

児浦 世界の誰もが知り合いになって、言葉の壁を超えて誰とでもメールなどもできて、つながれる日。いまは互いに理解できていない状況でも、つながり合ったらわかり合えるのではないかと思います。

広江 私たちは大人だけど、「自分たち最高！」と思える世界、大人が楽しんでいる世界を子どもたちに見せる日にしたいですね。

普段は「仕事が大変そう」とか、「大人ってややこしそう」という場面を子どもに見せてしまうことが多いと思うので、大人自身も仕事をすることを喜べる世界をつくりたいですね。

白土 みんな自分で畑仕事や養鶏をする暮らしを一度体験できる日がいいですね。

自給自足してみたい、農業をやってみたいという人も多いし、いまの世の中や将来への不安も、その根源をたどっていくと、「今後も食べていけるのか」という点に尽きると思います。

だったら、一度自分で育てる暮らしをお手軽に体験してほしいですよね。

佐野 私はマインドフルネスを実践し、教育者のためのマインドフルネス

講座などをしていますが、やはり葛藤を抱えている人たちも本当は穏やかに過ごしたいのだと思います。

だからこそ、自分だけに意識を向けて、自分だけのために時間を使える日にしたいですね。

松場 私はみなさんの願いのような考えとは逆に、この1日だけは悲惨な現実をみんなが知る日になったらどうかなと思うのです。知らないから助けられないこと、気づけないことがある。だからこそ、つらいけど苦しいけどあえて知ってほしいなと思います。

💬 ブレイクスルーできるアイスブレイク

松場 みなさんありがとうございました。こうして願いを話してもらうことで、肩書きや所属を伝えなくても、みなさんが大事にしていること、経験などが伝わってきましたね。

佐野 たった1つの質問から、人となりがわかり、打ち解けましたよね。相手がわからないと探り探りで進めなくてはいけないですが、最初にどんな人なのか確認できると、安心していいんだなと思えますね。

参加者は、場に入った当初はやはり不安なので、不安を解消してほしいですよね。

児浦 最初に本書のテーマがアイスブレイクだと聞いたとき、正直「そんなにネタないな……」と思ったんです（笑）。それは、ワークショップ（WS）の最初の不信感を"ブレイク"するという印象があったし、それが一般的な解釈だと思ったからです。

しかし、休憩の後に「疲れた」「眠い」という気持ちを"ブレイク"するときにもアイスブレイクを使っていることに気づきました。もしかしたら"ブレイクスルーする"ため＝殻を破るためのブレイクかもしれないと思ったら、広い意味でとらえることができました。

松場 アイスブレイクは、一般的にはWSや会議など集まりの冒頭でやるもの、という理解なのだと思いますが、「場の安全性を確保するため」、「人を知るため」という共通点はありつつも、もっと大きくて深いものかなと思います。

広江 アイスブレイクって、レクリエーション的にみんなが仲よくなるためのゲームとして紹介されていることが多いですよね。ゲーム要素も必要ですが、もっと深いところでお互いと知り合う、お互いがつながる、場の目的や意図とつながる、ということが大事なのかなと思います。

白土 氷を溶かすという言葉のせいか、緊張感が解けて笑いがとれればブレイクだと思われている節があると思うのです。しかし、私の場合は、畑に来ていただくだけでもアイスブレイクになったりするんですね。

「普段と違う自分を出さなきゃ」と思わせるアイスブレイクは、強制的にグラウンディング（地に足をつける）させている感じがしますが、畑では勝手にその人が自分でグラウンディングできるというか。

場の力に頼る、場をセッティングするというのも大事だと感じています。例えば、管理職で「しっかりしたところを見せなきゃ」と感じている人は、オフィスで行われるWSだったら肩に力が入ってしまうかもしれませんが、畑なら逆に肩の力が抜けた自分が出てくるかもしれません。肩の力が抜けた自分が出てきて、「素の自分」を出せる気がします。

佐野　緊張感が解けすぎてもレクリエーション要素が強くなってしまうので、適度にまとめるのも大事。さらに、**場をほぐすだけでなく、整えるというのも重要**ですよね。

やりっぱなしではなく、やはりアイスブレイクも着地点を持って、次の本題のWSにつなげるためのまとめをして終わる、というのは忘れてはいけないですね。

💬 アイスブレイクは何のためにする？

児浦　**対話をするときには、"イン(in)"と"アウト（out）"のタイミング**って大事だと思っています。話すタイミングも、とり入れる学びも。

そういう意味では、アイスブレイクで、**一度自分のものを"アウト"してしまえば、ほかのものを"イン"しやすくなります**よね。

松場　アイスブレイクは、スポーツで言うウォーミングアップ的に必要だと思っています。特に参加者が30人、50人と多い場合、ファシリテーターが一方的に話すのではなく、**いかに早く参加者がそれぞれ言葉を発するかで、場の空気が変わります**。

広江　気がかりなことを抱えたまま対話の場に入ると、それが頭の片隅に残っていて、対話にフォーカスできないことがありますよね。チェックインやアイスブレイクで、いまの気持ちや、気がかりなことを出してもらうことがあります。

その場で解決できるわけではないけど、言ったことでそれを手放せて、対話に意識が向きます。"いまここ"に焦点を合わせることができるのも、アイスブレイクの効用だと思います。

松場　以前は、私はチェックインって嫌いだったんですよ（笑）。何の意味があるの？と。ずっとスポーツをやっていたので、9時に試合が始まるのであれば、それまでに準備して、万全の態勢でのぞむのが私にとっては当たり前だったんです。だから、当然WSにもみんなが準備して来るものだと思い込んでいたんですね。しかし、実はそんな人は少ないんだということに気

づいてから（笑）、チェックインの必要性を理解しましたね。

白土　アイスブレイクは、ファシリテーターのためにも必要な気がしています。参加者は、どんな人でどんな状態なのか。それに応じて、ファシリテーターはどういう存在としてその場に関わるのか。それを自分でチューニングする、という効果があると思います。参加者も自分もグラウンディングできる時間になります。

広江　ファシリテーターって、まだみんなが不安などを抱えている一番最初に、場に立って自己紹介をするので、突き刺さるような視線で見られ、値踏みされるような感じでつらいときもありますよね。

　でも、そこでブレイクすることで、"ファシリテーター対参加者"だった

のが、"参加者同士"へと関係のベクトルが変わります。アイスブレイクを通して場を観察したり、参加者の期待値を測ったりでき、その日の進め方を再調整できます。ファシリテーターにとって、大事な情報収集の場になりますね。

松場　ちなみに、普通はファシリテーターが自己紹介をしてからアイスブレイク、という流れが多いと思います。でも僕は、目的を伝えて、アイスブレイクをしてから自分の自己紹介をしているんです。できるだけ早くみなさんに一言話してもらったうえで、自己紹介するというのが僕のパターンですね。

広江　いろいろなパターンがありえますよね。確かに、最初に参加者に情報を与えすぎると、「今日は黙って聞い

ていればいいんだな」というマインドセットになってしまうので、冒頭でファシリテーターがしゃべりすぎないのは大事ですね。

準備したものを
手放す勇気も必要

白土　みなさんはアイスブレイクを何にするか、いつ決めますか？

佐野　私はその研修やWSをデザインする過程の最後ですね。その日の朝になって、予定していたアイスブレイクとは別のものに変えることもあります。

広江　急に変えることはありますよね。あるとき、研修が始まる直前にその会社の偉い方が挨拶をして、その内容とアイスブレイクのテーマが完全に被ってしまって、始まる1分前に変えたこともありました。

WSのプログラムって用意する手間がかかるし、それによって愛着が生まれたりしますが、一方でその場に合わないのなら手放す勇気も必要ですね。

松場　私はいつも3つくらいのアイスブレイクの選択肢を用意していて、直感で手放しますね。

アメリカンフットボールに長く関わり、コーチをしていましたが、アメフトというのは事前にいくつもの戦術パターンを考えておくスポーツです。「ああ来たらこうする、最悪のパター

ンではこうする……」と。**想定外をできるだけ想定内にしておくんです。**そのために、複数の選択肢を用意しておく。

これまでたくさんの想定外の経験をしているからこそ、「何があっても大丈夫」と大きく構えられるというのもありますね。

「アイスブレイク」と
言葉にしなくてもいい

広江　アイスブレイクという言葉をその場で使うかどうかという問題がありますが、本来、「アイスブレイク」という言葉は、場をデザインする側が使う言葉であって、参加者側の言葉ではないですよね。

ファシリテーターが、「さあ、アイスブレイクしましょう！」と言ってしまうと、「あなたたちの間にアイスがあるよね」という前提があり、「外部の私がアイスを溶かしてあげましょう」というのが滲み出てしまう可能性もありますよね。

児浦　私の勤務先は男子中高ですが、この世代の男子はいろいろ"ブレイク"している子たちもいたりして……（笑）。あえてアイスブレイクとは言わず、「他己紹介」や「共通点探し」と言ったりしますね。

広江　**アイスブレイクという言葉を使わなくても、参加者が打ち解ける仕掛**

けを用意しておけばいいのかもしれません。

例えば、私は受付にお菓子などを置いておいて、会場に入ってもらうときに「自由に持っていってください。ただ、自分のグループで出会った人と交換してくださいね」と伝えたことがあります。そうすると、開始前からすでに対話が自然と始まっている状態になります。

つまり、アイスブレイクと銘打っていなくてもアイスは溶けていくのです。

白土　そういう意味では、**畑は場の力があるので、散歩してきてもらうだけでもうアイスは溶けます。**

ただ、アイスブレイクという言葉を使ってはいけないということではなく、**もしファシリテーター初心者の方**だったら「**私も緊張していますが、みなさんもそうかもしれないのでアイスブレイクしていいですか？**」と白状してもいいと思います。

名称は、「打ち解けタイム」でも何でもいいですよね。

佐野　私も普段は使わないですが、初めて会う小学生や若い先生が相手の場合は、「**アイスブレイクするよ！**」と**あえて言葉にすることでノリよくアイスブレイクへ誘導する**ことはありますね。

そうすることで、初めての場所、初めての参加者でも、かなり素の自分に戻ることができます。

松場　アイスブレイクという言葉を使うか使わないかよりも、あえて意図して使うかどうかが重要なのかもしれませんね。

💬 終わりもしっかりと リフレクション

広江 それでは、今日はアイスブレイクで始まったので、最後はリフレクションで締めましょう。今日は、「リフレクションサークル」を私がファシリテートさせていただきます。

では、それぞれ隣の人に対し、「今日の対話で印象に残っていること、伝えたいこと、気づき」などを一言ずつ言ってください。

ただし、順番に左回りでいきます。蛇口をイメージしてもらうと、右巻きは締める＝強めるエネルギーです。左巻きは開く、解放するエネルギー。今日の場を開いていくために、左回りでいきましょう。

松場（→広江） 広江さんとは付き合いは長いのですが、改めてこだわりの大事さを感じました。左回転と蛇口についての話、人としてのあり方、服装、靴、ひげ……1つ1つに、場に合わせたあり方やこだわりを感じました。

児浦（→松場） 松場さんは本当によく人を見ていらっしゃるなと。みなさんの話を聞いていて、「自分の考えとは少し違うかな？」と考えていたときに、松場さんに、「『自分は違うな』って顔してる」と指摘されてびっくりしました。

生徒相手にファシリテートするとき

に、なんとなくやってもうまく進められてしまうところがありますが、もう少しグッとディテールにこだわるとか、細かく丁寧に観察するということを学びました。

佐野（→児浦） 私は児浦さんが教師になる前から、いろいろな場でご一緒していました。

会社員から教員になり、そこから戦いながら前に進んでいるのを見ていたので、今日の話でも、いかに自分の魂を込めて日々進んでいるのかを言葉から感じとりました。

白土（→佐野） 実は対面では初めてお会いしたのですが、佐野さんの陽気さに引き込まれました。学校内で、歩きながら瞑想をやっていて、生徒たちはもうそれに慣れているそうですが、衝撃ですね（笑）。

広江（→白土） 白土さんは、「想定外が起きてもいい」「自分が緊張していることをあえて参加者に伝えてもいい」ということを言ってくださいました。どうしても、場をつくる側とそこに参加する側で役割を切り離してしまいがちです。でも、ファシリテーターも全体の一部にすぎず、みんなで場をつくっていこうよ、とあえて伝えるという姿勢は真似したいなと思いました。

こうして互いに学び合ったことを活かし、今後もいい場づくりをしていきましょう！

Part

1

緊張をほぐす

初対面同士が多い場では特に、
最初はなかなか会話が弾まないもの。
そこで、もっと相手を知りたい、
もっと踏み込んだ対話をしたい、
という期待感を高めるアイスブレイクを。

自然とつながる

01 五感を解放し 自分と 向き合う

☑ 新人研修　　☑ 管理職研修
☐ 異業種交流　☑ 多様性研修
☐ チームビルディング
☐ 人材育成　　☑ SDGs
☑ 学校　　　　☑ 地域

50分

案内人
白土 詠胡

シチュエーション	対面
推奨人数	30 人くらいまで
必要なもの	特になし
部屋のレイアウト	できるだけ広いスペース、外へのアクセスがあるといい

WORKSHOP

① 「とても気持ちのいい空気が外から入ってきています。まずご自身のボディチェックをしてみましょう。ちょっと立ち上がってストレッチをしたり、屈伸をしたり、体を動かしてみてください。どのくらい動きますか？　緊張していないか、肩に力が入っていないかなど体の状態を素直にチェックしてみましょう」

ファシリテーターは部屋の中に自然の光や空気や風が入るようにしておく。事前に生花やつみたてのハーブ、季節のフルーツ、丸かじりできる野菜など自然の力が感じられる新鮮なものを持ってきておいて、触れたり嗅いだりできる状態だとなおいい。可能であれば外に出られる環境だとベストで、最初から自然の中など外で行うのが好ましい。ボディチェックは簡単に 1、2 分ほど自由にストレッチなどしてもらう。ファシリテーターがストレッチの見本を示すとわかりやすい。

② 「それでは、これから 20 分間時間をとりますので、それぞれ外を散歩してきてください。散歩中はお話をせず、五感を開いて、季節の移り変わりを感じてきてください。感じたことを、その場で言葉にする必要はありません。自然の力を借りて、ただゆっくりと自然の力を感じてきてください。ではどうぞ」

外にいるなら、そのまま自由に自然の中を散歩に行ってもらう。室内であれば、近くの公園など会場の外を歩いてもらう。

外に行くのが難しい場合は、窓を開けて太陽光を入れたり、自然音が入るようにしたりするなど、外の自然を感じられるようにする。あるいは、事前に持ち込んでおいた自然のものを観察してもらっても。会話が弾むような、物語性のあるものがいい。そういった環境をつくって、室内を自由に動いてもらったり、触ったりできるようにする。ファシリテーターは、時間管理をする。

(3) 「20分経ちました。それでは戻ってきてください。それでは再び、ボディチェックをしてみましょう。最初にやったようにストレッチをしたり、屈伸をしたり、肩を回したりしてみてください。ちょっと体が軽くなった気がしませんか？ 体の動きが変わっているかどうか確認してみてください」
それぞれにストレッチをしてもらう。

(4) 「それでは、輪になって座ってください。まずはお近くの方とどんな発見があったか、いま気になっていることや、今日の期待など思ったことを自由にお話しください」
人数が多い場合には1グループ10人以下ぐらいに分けて、まずは全員でなくても近くの人と自由に話してもらう。話す相手がいなさそうな人はファシリテーターがサポートする。だいたい10分程度。

CLOSING
(5) 「ありがとうございます。だいぶみなさんの体も心もほぐれてきましたね。今日はこの状態で活動に入っていきましょう」
自分たちの体や心がほぐれてきたことを確認し、WSや研修に入っていく。

ポイント

「最初は緊張した状態で参加した人たちも、ゆったりとした自然や自分と向き合う時間をとることで、体と心が整った状態になっていきます。今日1日の種を植えていくような作業だと思います。柔軟になり、自然の力もほかの人の声も、頭や体にスッと入ってくるようになったら、参加者の土壌が耕せたような状態でスタートを切ることができますし、その想いを言葉にして共有したことで、心理的安全のある仲間になれます。時間があれば、全体でも何人か想いを共有してもらえたらいいですね。そのとき、ファシリテーターはあまり自分の話をせず、参加者の言葉を包み込むようなイメージで受け止め、みなさんの感じたことを味わってみましょう」

身につくスキル
● 内省力　　● 傾聴力　　● 信頼関係

嘘つき自己紹介

02

Will/Can/ Must と連動し 自分の創作を

- ☑ 新人研修　　☑ 管理職研修
- ☑ 異業種交流　☑ 多様性研修
- ☑ チームビルディング
- ☐ 人材育成　　☐ SDGs
- ☑ 学校　　　　☑ 地域

30分

案内人 松場 俊夫

シチュエーション	対面／オンライン
推奨人数	1 グループ 4 〜 6 人
必要なもの	紙またはボード、ペン
部屋のレイアウト	グループごとにテーブルを囲んで座る

WORKSHOP

① 「これから自己紹介をしていただきますが、自分の強みや得意なことなどについて、3 つの内容を事前に考えてください。そのうち 2 つは本当のこと、1 つは嘘です。それではその 3 つを紙に書いてください」

紙やボードを配布し、自分についての 2 つの本当のことと 1 つの嘘を書き入れてもらう。オンラインの場合は、1、2、3、と番号を振ってチャットなどに書き込んでもらう。「英検●級を持っています」「エクセルマスターです」など、可能であればファシリテーターが例を挙げるといい。

② 「それでは、いま書いたものを見せて、順番に自己紹介をしてもらいます。1 人目が終わったら、1 分〜 1 分半の説明や質問の時間を設けてください」

書いたものを見せながら 1 人ずつ自己紹介し、その後簡単に質問や説明の時間をとる。

③ 「では、1 人目の方の『嘘』がどれだと思うか、『せーの』で指さしてみましょう。せーの！」

質問タイムの後に、グループのほかのメンバーに正解だと思うものを指さして当ててもらう。オンラインであれば、その番号をチャットに書き込んでもらう。

④ 「合っていましたか？　1人目の方は、正解の発表と簡単な説明をお願いします」

2、3分かけて簡単に正解発表と説明をしてもらう。

⑤ 「では同様に2人目以降の方も、順番に3つの紹介と質問タイム、そして正解の当てっこをしてみてください。全員に順番が回るようにしてください。ではどうぞ」

全員に順番が回るようにファシリテーターは時間管理をする。また会場を回って、滞っているグループのサポートなどをする。全体で20分程度。

⑥ 「全員終わりましたか？　グループの全員をだますことができた人はいますか（手を挙げてもらう）？　だませたコツは何でしょうか？」

全体が終わったら、グループ全員をだませた人を聞いてみて、そのコツをインタビューしてみる。

CLOSING
⑦ 「では、グループ全員の正解を当てることができた人はいますか（手を挙げてもらう）？　当てられたコツは何でしょうか？」

今度はグループ全員の正解を当てられた人に、そのコツをインタビューしてみる。

ポイント

「これは、キャリア研修の冒頭などで活用しやすいアイスブレイクです。キャリア研修では『Will（自分がやりたいこと）/Can（自分ができること）/Must（自分がやるべきこと）』を分けて考えていきますが、そのうちのCanの部分を、嘘つき自己紹介という形で話してもらっていることになります。そうすると、初対面でも相手のCanが自慢のように聞こえず興味を持ってスッと受け入れられますし、本人が伝えたいCanというのも見えてきます。また、質問をし合ったり、当てっこし合うことで、全員が発言することができます。最初の段階でみんなが声を出すと、緊張がほぐれる最適な流れが生まれます。最後に『全員に嘘がバレた人！』と聞くと笑いが生まれます。全員にバレてしまう人、全員をだませる人など、それぞれの性格も見えてきて面白いですよ。質問によって相互コミュニケーションも図ることができ、関係性も形成されていきます」

身につくスキル

● 傾聴力　● 信頼関係　● キャリアプランニング

象徴するモノを見つけて

03

大切なモノに込めた想いを発表

☑ 新人研修　　☑ 管理職研修
☑ 異業種交流　☑ 多様性研修
☑ チームビルディング
☐ 人材育成　　☐ SDGs
☑ 学校　　　　☐ 地域

20分

案内人
松場 俊夫

シチュエーション	対面／オンライン
推奨人数	20 人以下
必要なもの	それぞれ自分を象徴するもの
部屋のレイアウト	グループごとに向かい合う

WORKSHOP

1　「今日はみなさんに、『自分を象徴するもの』を持ってきてもらいました。**それが何なのか、そしてなぜ自分を象徴するのか**、順番に発表してください。可能であれば、自分が大切にしている想い、目標としていること、将来の夢などと結びつけて話してみてください」

対面の場合は、自分を象徴するものや自分が大切にしているものを事前に準備して持ってきてもらうようにする。1 人 2 〜 3 分程度で話してもらう。

2　「では、いまのお話を聞いて、質問や感じたこと、思ったことなどぜひどうぞ（ほかの参加者に聞いてみる）」

1 人発表したら、それに対してほかの参加者のフィードバックやそれぞれ感じたこと、質問などを募る。

3　「では、次の方どうぞ（同様に順番に全員発表してもらう）」

ファシリテーターは全員に順番が回るようにサポートしていく。人数が多い場合には、グループごとに発表してもらう。

CLOSING

④「いかがでしたか？　自分の価値観や目標、夢の原点となっているものを再確認できたのではないでしょうか。また、お互いに新たな発見があったり、共通点が見つかったりしたのではないでしょうか」

自分を象徴するものと、目標や価値観との結びつきを改めて確認する。

ポイント

「自分が大事にしている想いについて、いきなり語るようにと言われても難しいですが、"モノ"を媒介することで、価値観や想い、思い出などを話しやすくなります。目標設定や価値観に関する研修やWSの前のアイスブレイクとして最適です。

今回は、対面の場合を想定して事前に用意してきてもらいましたが、オンラインの場合は、3分ほど時間をとって、それぞれ家の中やオフィスの中から何か見つけてきてもらってもいいですね」

身につくスキル

● 創造力　● 内省力　● 信頼関係

Part 1　緊張をほぐす

ザ・アンケート

04
不安や未知を見える化し共感し合おう

- ☑ 新人研修　　☑ 管理職研修
- ☑ 異業種交流　☑ 多様性研修
- ☐ チームビルディング
- ☑ 人材育成　　☑ SDGs
- ☑ 学校　　☑ 地域

10分

案内人
松場 俊夫

シチュエーション	対面／オンライン／大人数（50人以上〜）
推奨人数	何人でもOK
必要なもの	特になし
部屋のレイアウト	全体が見えるように

WORKSHOP

1 「今日のテーマについて、**みなさんの現状を把握するために、アンケートをとりたい**と思います。質問をしますので、挙手で（オンラインならアンケート機能で）答えてください。では、●●●（今日のテーマ）について知っている人（手を挙げてもらう）？　知っているけどよく中身はわからない人（手を挙げてもらう）？　初めて聞いたという人（手を挙げてもらう）？」

その日のテーマや内容について、理解度や抱えている不安などについてそれぞれ手を挙げてもらう。オンラインであればアンケート機能を使って回答してもらう。例えばZoomのアンケート機能なら、匿名で投票できるし、結果が自動的に集計されるので便利。

> **アンケート例**
>
> ●コーチング研修なら……
>
> 「コーチングを普段から使っている人は？」「コーチングについて知っているがあまり使っていない人は？」「よく知らない人は？」「初めて聞いた人は？」

●コミュニケーション研修なら……

「コミュニケーションに自信がある人は？」「そこそこある人は？」
「あまりない人は？」「まったくない人は？」

●ロジカルシンキング研修なら……

「『私はとてもロジカルである』という人は？」「『ある程度ロジカルで
ある』という人は？」「『あまりロジカルではない』という人は？」
「『まったくロジカルではない』という人は？」

●多様性研修なら……

「自分の会社はかなり多様性を推進していると思う人は？」「少し推進
していると思う人は？」「全然推進していないと思う人は？」

●キャリア研修なら……

「自身のキャリアに点数をつけると？」

CLOSING 2

「みなさんのアンケートの回答からわかるように、あまり経験（知識）のない方
が多いので、ちょっとした質問でも気軽に聞いてくださいね。また、研修の場
は安全なので、ここでどんどんチャレンジしてみてくださいね！」

参加者に安心感を与え、チャレンジをうながすような言葉で締めくくる。

ポイント

「研修などに参加すると、そのテーマについて自分だけ知らないのでは
ないかとか、どんな人が来ているのだろうとか、言葉にできない不安
を抱えているものです。それを解消できないまま WS や研修が始まって
しまうと、違和感が残ってしまい、学びの効果が下がってしまいます。未
経験の人、初心者の人がいるのであれば、それを強調することで安心感を
持ってもらうことができます。一方でファシリテーターにとっては、そ
の日の参加者のレベル感を把握することができる、という意味で役立ち
ます。
現在の自分や期待値などの点数をつけてもらうアンケートであれば、白紙
の紙を配って大きな字で書き込んでもらい、見せ合うといいでしょう」

身につくスキル

◉ 共感力　◉ 信頼関係

予祝でスタート

05

今日の WS の成功を 先に祝おう！

- ☑ 新人研修　　☑ 管理職研修
- ☑ 異業種交流　☑ 多様性研修
- ☑ チームビルディング
- ☐ 人材育成　　☐ SDGs
- ☑ 学校　　　　☑ 地域

30 分

案内人
白土 詠胡

シチュエーション	対面
推奨人数	20 人以下
必要なもの	紙またはボード、ペン
部屋のレイアウト	グループごとに向かい合わせだが、全体で円陣などを組めるくらいのスペースもあるといい

WORKSHOP

①　「今日の WS が終わったときにみなさんがどんな状態になっているとよいか、少し言葉にして話し合ってみましょう。今日はどんなことを持ち帰りたいか、どんな状態で自分が終わりたいかなど少し想いを馳せてみて、互いに言葉にしてみてください。紙も配布したので、グループごとに紙に書いていただくといいですね」

紙をグループごとに配布しておき、それぞれ自由に想いを話してもらう。5 〜 10 分程度。

②　「それでは、いまグループで話し合ったことを少し発表していただけますか。どんな期待があったのか、共通する言葉などもあったらぜひ教えてください」

ファシリテーターは、グループの代表者に共有してもらい、ボードなどに書いてみんなに見えるようにする。15 〜 20 分くらいかけて全体の共通点を探りながら進めていく。

③ CLOSING　「みなさんの今日の期待値とゴールが、これだけ出てきました。それでは、今日のゴールへみなさんとたどり着いたと仮定して、先にお祝いをしましょう！古代から日本人は、豊作を引き寄せるため、春の桜を稲穂の実りに見立ててあ

らかじめ仲間とお祝いをすることで、豊作を祈願してきました。そう、お花見もそうです。『予祝』と呼ばれています。ですから、今日の WS の成功をみなさんと先にお祝いし、成功を引き寄せましょう！

では円陣を組んで、真ん中で手を重ねましょう。『今日は●●●が可能になりました！　おめでとうございます！』」

みんなで円陣を組み、片手を真ん中で重ねて、スポーツの試合の前のように一緒に声をかける。「おめでとうございます！」とみんなで大きな声で言って、拍手する。できれば参加者の誰かに音頭をとってもらうとさらに盛り上がる。

ポイント

「最初に今日のゴールを確認するという作業はよくやることですが、それをより深くみんなで共有して、よい時間をつくっていくのだという実感を持ってもらうためにも、円陣を組んで一緒にお祝いします。参加者にとってもファシリテーターにとっても、今日の目的が腹落ちし、グラウンディングできるのが、予祝です。

よい WS や研修というのは、レストラン型ではなく BBQ 型だと思っています。それは、料理を運んできてもらうのではなく、参加者が自分で焼きながら楽しんで一緒に作っていく形式です。受け身ではない場にするためにも、自分たちで成功させる、ゴールにたどり着くという想いを最初に共有しておくといいですね」

身につくスキル

● 共創力　● チームワーク　● 信頼関係

鳴き声だけで仲間分け

06

動物マネで距離感を縮める

☐ 新人研修　　☐ 管理職研修
☑ 異業種交流　☑ 多様性研修
☑ チームビルディング
☐ 人材育成　　☐ SDGs
☑ 学校　　　　☑ 地域

20 分

案内人
児浦 良裕

シチュエーション	対面
推奨人数	30 人以下
必要なもの	動物の絵が描かれたカード（同じ動物をチームの人数分ずつ）
部屋のレイアウト	自由に動き回れるスペースをつくる

WORKSHOP

① 「これからチーム分けをします。いまからカードを配りますので、1 人 1 枚ずつとってください。自分のカードは見てもいいですが、ほかの人にはカードの内容を見せたり、口に出して知らせたりしないでくださいね」

イヌ、ネコ、ゴリラ、ヒツジ、ハチなどの生き物の絵が描かれたカードを用意する。1 チーム 4 人ずつに分けるのであれば、同じ生き物のカードを 4 枚ずつ用意し、よくシャッフルしておく。ファシリテーターは全員に 1 枚ずつカードを配る。

② 「それでは、配られたカードの生き物になったつもりで、これから会場中を歩き回って、仲間を探してください。ただし、言葉を発したり、ジェスチャーしたりするのは禁止です。鳴き声の真似だけで伝えてください。その動物になりきって、仲間を探してくださいね。1 チーム 4 人ですので、無事に 4 人集まったら、チームで座ってください。では、スタートです！」

何人ずつのチームに分かれるのかアナウンスしておく。会場内を歩き回って、鳴き声だけで仲間を探してもらうようにする。ファシリテーターは早くできた上位チームを把握しておく。

CLOSING

3 「（無事に全チームがそろったら）みなさん無事にチームに分かれましたね。早かったチームの勝因は何だったのでしょうか？（インタビューする）」

早かったチームの勝因をチームのメンバーに聞いて、全体に共有する。

ポイント

「ファシリテーターが一方的にチームを分けてしまうよりも、こうしてチーム分けとアイスブレイクを兼ねさせるのもおすすめです。言葉を使わないからこそ、役職も年齢差も関係なく笑い合えて、一気に距離感も縮まりますし、同じ生き物という仲間意識も高まるでしょう。今回はジェスチャーなしとしましたが、そのときの参加者の雰囲気や年齢などによっては、ジェスチャーをありとしてもいいと思います。また、慣れている間柄だったら、『ウサギ』『カマキリ』など、どんな鳴き声で表現していいのか悩んでしまうような生き物を入れてみても面白いですね」

身につくスキル

● コミュニケーション力　● 共創力　● チームワーク

松場 俊夫

アイスブレイクと本題のつながり

ア イスブレイクは、それだけで独立したものではありません。そのアイスブレイクとその日の本題やWSの目的とどれだけ連動しているかが重要です。Part 6 の Q.14 で、アイスブレイクをどう学びにつなげるかというお話をしていますが、アイスブレイク次第でその日の学びの深さが左右されます。

本書では各アイスブレイクについて、どんな場に向いているかを示しています。例えば、今回紹介しているアイスブレイクで言えば、「お地蔵さんと菩薩さま（ IB15 ）」は傾聴スキルを身につけたいコーチング研修、「9ドット（ IB26 ）」だったら自分の中のバイアスに気づくことをうながすDE&I（ダイバーシティ・エクイティ＆インクルージョン）研修や管理職研修などが向いています。

アイスブレイクで何をやるかも大事ですが、その意味をきちんと参加者に理解してもらうことも重要です。私はアイスブレイクの最後には、改めてその日の目的やゴールとアイスブレイクがどうつながっているかを伝えて本題に入ることが多いです。

「今日はアイスブレイクでこんなことを体感できました。だからこそ、今日はこんなことを目的にやっていきましょうね」という流れで本題のWSに入っていくと、みんなのベクトルがそろうのです。

「あれは何だったんだろう？」と思わせない

　参加者がアイスブレイクと本題のつながりを見出せなければ、アイスブレイクを終えた後、「あれは何だったんだろう？」「何の意味があったんだろう？」「なんであんなことをやらされたんだろう？」という気持ちになってしまいます。実は、そういったアイスブレイクはよく見受けられます。

　また、**自己開示をうながすようなアイスブレイクを行った場合、開示した内容を何かに結びつけて回収することができなければ、参加者にはモヤモヤが残ってしまいます**。せっかく自分を見つめて本音をさらけ出したのに、さらけ出しっぱなしだと、なんだか損したような気分になってしまいます。

　丁寧に設計されたアイスブレイクほど、これから始まるWSや研修へのワクワク感ややる気を醸成します。本書では多くのアイスブレイクを紹介していますが、アイスがブレイクした先の目的を考え、それに適したものを選んでいただければ、きっと相乗効果をもたらしてくれるでしょう。

Part

2

お互いを知る

相手はどんな人で、どんな経験をして、
どんなことを考えているのか──。
アイスブレイクで
それを垣間見ることができれば、
より深い対話へと踏み込んでいけます。

小さな秘密シェア

07

「実は……」
から一歩
踏み出す

☑ 新人研修　　☑ 管理職研修
☐ 異業種交流　　☑ 多様性研修
☑ チームビルディング
☐ 人材育成　　☑ SDGs
☐ 学校　　☐ 地域

30分

案内人
松場 俊夫

シチュエーション	対面／オンライン
推奨人数	1 グループ 4 〜 6 人程度、全体で 20 人以下
必要なもの	特になし
部屋のレイアウト	グループごとにテーブルを囲んで座る

WORKSHOP

① **「これから、みなさんのちょっとした秘密を共有していただきます。『実は……なんです』という話を、共有できる範囲でいいので、ぜひお話しください。例えば、『私は、実は先日テニスを始めて、コーチにボールを当てちゃいました。まだ初心者です！』などでもいいですよ（例を挙げる）。では、各自で少し考えてみてください」**

ファシリテーターは最初に自分の例を挙げてみる。このときに示す内容によって、その後の参加者の自己開示レベルに影響するので、自慢よりも、できるだけ自分の弱みを出すような例がいい。そして 2、3 分考える時間を与える。

② **「共有した秘密に対して、多少のツッコミや質問も OK です。では、生まれた場所が最も北の方から始めてみましょう」**

人数によって全体で 15 〜 20 分程度の時間をとり、グループ内で順番に進めていってもらう。1 人の人に時間がかかりすぎていたり、質問などが出ていなかったりするなら、ファシリテーターが声をかけるなどしてサポートする。

(3) 「いかがでしたか？　では、今度は自己開示をしてみた感想をグループ内で共有
してみてください」

5～10分程度時間をとり、1人ずつ自己開示をしてみてどう感じたかを話してもらう。
グループ内で順番に回してもらう。

CLOSING
(4) 「グループ内で出た意見や感想を共有していただけますか？　秘密など個人情報
をお話しいただくのではなく、あくまで感想を教えてくださいね」

グループごとに誰か発表してもらい、グループ内で出た意見や感想を全体に共有しても
らう。ファシリテーターが話を誘導する。個人が開示した秘密の内容を全体に話さない
ように注意する。

ポイント

「このアイスブレイクは、初対面同士よりもすでにお互いを知っているメ
ンバーのときに向いています。会議のスタートのアイスブレイクでもいい
でしょう。普段よく知っている相手の意外な一面を知ることで、その
人の新たな魅力を知ることができます。そして不思議なことに、ただ話
をするよりも『実は……』と言うと、周囲は気になって聞いてくれるもの
なんですよね。
ファシリテーターが最初に提示する例が、その後の参加者の自己開示レベ
ルを左右します。胸襟を開いて話してほしいという日には、ファシリテー
ターも『実は難病を乗り越えました』など少し重めの自己開示が必要です
し、とにかく楽しく回したいというときには『実は朝、茶柱が立ちました』
なんていうものでもいいでしょう。その日のプログラムの目的、どれだけ
参加者同士の関係性を深めたいかなどによって例を選ぶといいですね」

身 に つ く ス キ ル

● 内省力　● 傾聴力　● 信頼関係

3行で自己紹介

08 役割と好きなことは共有できる

- ☑ 新人研修　　☑ 管理職研修
- ☑ 異業種交流　☑ 多様性研修
- ☐ チームビルディング
- ☐ 人材育成　　☐ SDGs
- ☑ 学校　　　　☑ 地域

30分

案内人
白土 詠胡

シチュエーション	対面／オンライン
推奨人数	1グループ10人以下
必要なもの	3行自己紹介シート、または紙とペン
部屋のレイアウト	グループごとにテーブルを囲んで座る

WORKSHOP

①　「これから自己紹介をしていただきますが、自分について3行で簡潔に紹介をしてください。例えば、『私は母親です。私は農家です。私はメロンが好きです』といったように、2つは役割、3つ目は好きなことや物などを選んでください。でも、名前は書かないでくださいね。まずは配布した紙に書いてみてください」

3行自己紹介のシートか何も書いていない紙、そしてペンを配布しておく。紙に3つの自己紹介文を簡潔に、見やすく書いてもらう。ファシリテーターは自ら例を挙げるといい。

②　「それでは、いま書いたものをグループで一旦集めてください。そして、1枚ずつ引いて読み上げ、誰の自己紹介なのか、みなさんで当ててみてください。当たったら、そこから2、3の質問をしてもいいですよ。全部の紙が引き終わるまでやってみましょう」

紙をグループ内で集め、当て合いをしてもらう。ファシリテーターはグループを回りながら、サポートをする。「今日は野菜好きが多いですね」「このグループはたくさん質問が出ていいですね」など、観察して見えたことを言葉にしてみてもいい。人数によってだが、20〜30分程度話せる時間をとる。

3 行自己紹介シート DL

3行自己紹介

私は **[   ]** です。

私は **[   ]** です。

私は **[   ]** です。

CLOSING ③ 「いかがでしたか？　みなさんの自己紹介シートを壁に貼っておきますので、休み時間などに見てみてくださいね」
自己紹介シートは、その研修や WS 中は見えるところに貼っておくといい。

ポイント
「ただ自己紹介をしてもらうだけだと、とても真面目な話になってしまったり、延々と話してしまったりしますが、3 行に限定することで、一度情報を整理してもらったうえで自己紹介してもらえます。また、あえて名前から入らないことで、人となりにフォーカスできます。すでに知っているメンバーでやる場合でも、3 つ情報があるうち 1 つくらい知らないこともあるはずなので、新たな一面を知ることもできます。
もしその後に時間があれば、このシートを本人の体に貼って歩き回ってもらい、会話タイムを設けても面白いですね」

身につくスキル
● コミュニケーション力　● 信頼関係

MY ポーズ＆ネーム

09

自分を表す ポーズと名前 で印象づける

- ✅ 新人研修　　☐ 管理職研修
- ✅ 異業種交流　✅ 多様性研修
- ✅ チームビルディング
- ☐ 人材育成　　☐ SDGs
- ✅ 学校　　✅ 地域

10分

案内人
児浦 良裕

シチュエーション	対面／オンライン
推奨人数	10 〜 30 人程度
必要なもの	特になし
部屋のレイアウト	全体で輪になる。話す人の顔が全体に見えるように座る

WORKSHOP

①　「まず、自分が呼んでほしいと思うニックネームを考えてください。名前でもいいですし、名前と関係なくても大丈夫です。できるだけ本名や肩書きそのままではなく、楽しくなるような名前を考えてみましょう。そして、一緒に得意なポーズも考えて、その名前の発表とともに見せてください。ポーズが思い浮かばない人は、自分の得意なスポーツなどを表す動作でもいいですよ。例えば私だったら "ニンジャ" です（忍者のポーズ）。では、少し考えてみてください」

輪になってもらう。まず、それぞれ自分のニックネームを考えてもらうが、できるだけ「鈴木」など名字そのままなどにならないよう、ファシリテーターが自分の例を挙げてみるといい。1、2分考える時間を与える。

CLOSING
②　「では用意はできましたか？　それでは1人目の方、発表をお願いします。あとは時計回りで順番にどうぞ」

1人目をファシリテーターが指名し、ニックネームとポーズを披露してもらう。その後はテンポよく回るようにする。ニックネームとポーズがしっかり全員に聞こえるように、そして見えるように、ファシリテーターはサポートする。

Ninja!

「自分"らしさ"とは何だろう、と改めて考え、互いにその人"らしさ"を大事にしようと思えるアイスブレイクです。新しいクラスや部署、チームがスタートするときに向いています。自己紹介でニックネームを考えてもらうことはよくありますが、よっぽど印象的でない限り、忘れられてしまう。だからこそ、ポーズとセットで覚えてもらいましょう。

自分は何が得意なのか、スキルは、能力は、好きなことは……など、言葉で伝えるよりも、ニックネームとポーズのセットでパッと覚えてもらい、その後じっくり知り合っていければいいですよね。また、聞いているほうは自分との共通点を見つけながら聞くこともできます。時間があれば、全員のポーズが終わった後にメモを配り、印象に残った人や言葉を書いて提出してもらってもいいでしょう。すると、意外な共通点や興味がわかり、その後のチーム編成にも役立ちます」

身につくスキル

● コミュニケーション力　● チームワーク　● 信頼関係

サイン集め

10

名前を
集めるのも
早い者勝ち！

☑ 新人研修　　☐ 管理職研修
☑ 異業種交流　☑ 多様性研修
☐ チームビルディング
☐ 人材育成　　☐ SDGs
☑ 学校　　☑ 地域

15分

案内人
児浦 良裕

シチュエーション	対面／大人数（50 人以上～）
推奨人数	20 ～ 30 人くらいが適度だが、もっと多くてもいい
必要なもの	紙またはボード、ペン
部屋のレイアウト	歩き回れるスペースをつくる

WORKSHOP

①　「みなさんに配布した紙を持って、これから **5 分の制限時間の間に、会場内の 5 人の人に名前を教えてもらってメモしてきてください**。誰でもいいですが、なるべく自分が知らない人に声をかけましょう。それではスタート！」

事前に 1 人 1 枚の紙またはボードとペンを配っておく。そしてスタートの合図で、それぞれ 5 人の人の名前を聞いてメモしてきてもらう。

②　「5 分経ちました。戻ってきてください。では、一旦呼吸を整えて、**自分が今日呼ばれたいニックネームを考えてみてください**」

それぞれ自分が呼んでもらいたいニックネームを考えてもらう。2、3 分程度。

③　「ニックネームは思いつきましたか？　それでは、**先ほどと同じ 5 人のところに行って、名前の横にその人が呼ばれたいニックネームを書いてもらってください**。早く終わった人が勝ちですよ。終わった人は、司会者のところへ終了を申告しに来てください。では、スタート！」

それぞれニックネームを考えたら、再度同じ人のところに行ってニックネームを書いてもらってくる。全体で 10 分程度あるといいが、早く終わった人からファシリテーター

のところに来てもらい、順位を記録する。

④ 「それではこの辺で終わりにしましょう。戻ってください。では5位以上を発表します！　5位○○さん（拍手）、4位△△さん（拍手）……。それぞれ、誰にニックネームを書いてもらったのか教えてもらえますか？」

5位から1位までを発表し、みんなで拍手する。それぞれどの5人にニックネームを書いてもらったのかを発表してもらえば、より多くの参加者の顔とニックネームを覚えられる。

CLOSING
⑤ 「今回は、少なくとも5人の方のニックネームと顔が一致したと思いますが、今日はこの先もいろいろな方と知り合っていきましょう」

なるべく多くの人の顔と名前を覚えることをうながす。

〜〜〜〜〜〜〜〜〜〜〜〜〜〜〜〜〜〜〜〜〜〜〜〜

ポイント

「これは、初対面同士が多い場で使えるアイスブレイクです。人数が多すぎるときに、全員の名前と顔を覚えるのは難しいものです。しかし、5人だけでも顔と呼び名が一致したら、その場の安心感も生まれますよね。もう一度同じ人のところに行く際は、顔を忘れてしまって大人数の中で見つけられないかもしれません。それでも、『もう一度同じ人のところへ行ってもらうことになります』とあえて先に伝えなかったのは、失敗も経験してほしいから。『あ、どの人だっけ？　すみません、○○さ〜ん！』と呼んで回ってもいいのです。そうした失敗も笑って許し合えるのは、みんなが動き回るザワザワした環境だからこそ。最初にそうした失敗をしておくと、その後は互いに笑い合えるし、呼び名も顔も覚えられるでしょう。
ただし、参加者が小学生など年齢が低い場合には、名前や顔を忘れて失敗すると雰囲気が悪くなってしまうこともあるので、そういう場合は、『また後で同じ人のところに行くので、顔と名前を覚えておいてね』とあらかじめ伝えておいてもいいですね」

身につくスキル

● 発想力　● コミュニケーション力

10 文字自己紹介

11

短い言葉で あなたを 表現する

- ☑ 新人研修
- ☐ 管理職研修
- ☑ 異業種交流
- ☑ 多様性研修
- ☐ チームビルディング
- ☐ 人材育成
- ☐ SDGs
- ☑ 学校
- ☑ 地域

20分

案内人
広江 朋紀

シチュエーション	対面／オンライン
推奨人数	何人でも可能
必要なもの	紙とペン×人数分
部屋のレイアウト	グループごとにテーブルを囲んで座る

WORKSHOP

① 「これから自己紹介文を書いていただきます。ただし、10 文字以内で！　あなたらしさを存分に表すキーワードやエピソードを盛り込んでいただきます。まずは、私の例から。『1 年 2 万 2 千キロ走破』とありますが、その心は、コロナ禍でも家族が安心して移動できるようにと思い切ってキャンピングカーを購入して全国へ旅に行き、1 年で 2 万キロ以上も走破していたという私です（笑）」

ファシリテーターは全員に紙とペンを配る。図のように、10 文字のマスを印刷してもいい。

② 「それでは、紙を配ったので、そこに 10 文字以内で書いてください。後で発表してもらいます。文字は漢字、英語、ひらがな、カタカナ、いずれも OK ですが、自分の名前や役職は入れないでくださいね。それではどうぞ」

5 分ほど時間をタイムキープする。

CLOSING
③ 「書けましたか？　それでは、その心を発表してください」

ファシリテーターは全員に順番が回るようにサポートする。基本的には 10 文字の自己紹介のみにして、短く説明を加えてもらう。

10文字自己紹介の例 ⬇DL

| １ | 年 | ２ | 万 | ２ | 千 | キ | ロ | 走 | 破 |

| 不 | 可 | 思 | 議 | な | も | の | 大 | 好 | き |

| 何 | が | あ | っ | て | も | 常 | に | 笑 | 顔 |

ポイント

「自己紹介というと、つい肩書きから入ってしまいますが、たった10文字という制限を加えることで、肩書きや役割が一瞬でとっぱらわれます。本人を表す言葉を選んでもらうことで、普段は見えないその人"らしさ"に光が当てられます。すでに互いを知っている仲のチームでも、改めて知り合うチャンスとなります。まるで一句詠むような感覚で取り組むことができ、クリエイティビティも刺激されます。人数が多い場合は、グループごとに発表し、グループの中のイチ推し作品を選んで発表してもらってもいいですね」

身につくスキル

● 創造力　● 発想力　● チームワーク

プロフィールシート

12

半歩だけ
踏み込んで
深まる関係

☐ 新人研修　　☐ 管理職研修
☑ 異業種交流　☑ 多様性研修
☑ チームビルディング
☐ 人材育成　　☐ SDGs
☑ 学校　　☑ 地域

10
分

案内人
広江 朋紀

シチュエーション	対面／オンライン
推奨人数	10 人以下
必要なもの	事前にそれぞれプロフィールシートに記入してもらい、対面なら印刷しておく。オンラインなら画面に表示する
部屋のレイアウト	グループごとにテーブルを囲んで座る

WORKSHOP

①　**「事前に書いてきたそれぞれのプロフィールシートを見せ合いましょう。何か気になる点はありますか？　あれば2、3点、質問し合ってみましょう」**

図のようなシートを事前に配布しておいて、書き込んできてもらう。それをグループ内で交換し、気になることなどを質問し合ってもらう。図の例で言うと、「秘湯めぐりが趣味なんですね！　どんなところへ行かれるのですか？」など、自然と対話が生まれるはず。

CLOSING
②　**「お互いのプロフィールシートを手元に置いておくことで、今後も対話のきっかけになるといいですね！」**

全員のプロフィールシートを配っておくことで、後で見返すこともできるし、さらなる対話のきっかけにもなる。

プロフィールシート例

広江 朋紀（ひろえ とものり）

プロフィール

呼ばれたい名前：ともさん
年代：40代
出身：東京新宿生まれのシティーボーイ
家族構成：妻と子供3人
趣味：家族とキャンピングカーで車中泊で秘湯めぐり。カヤックと焚き火

ライフヒストリー

原体験	社会人で最初に入った会社が4か月で倒産！ベンチャーと見込んで入った会社がアドベンチャーだった（笑） 倒産経験をきっかけに企業が持続的に成長するには何が必要か学びたくなり、経営大学院（MBA）に進学
入社動機	モチベーションを切り口に企業成長を支援しているスタートアップだった当社と電撃的に出会い入社。上場までは毎日が文化祭の前日状態。ワークライフバランスの意味を知らない「青春」の20代を過ごす
今回の役割	「ファシリテーター」としてみなさんを時に焚き付け、時にそそのかす、媒介者。 ※主役はみなさんです！
未来	第一に、このプロジェクトがみなさんの人生にとって何らかの成長の節目（トランジション）となること、第二に○○社さんにとって語り継がれるレジェンドプロジェクトにしたいです！

自分を一言で表すと

あまのじゃく

人のやらなこと、行かない場所に行きたがります

好きなこと

人とエネルギーが生まれる「場」をつくることが大好きです

不得意なこと（※許してください）

同じことの繰り返し
経費精算
興味の湧かないタスクの強要

このプロジェクトへの意気込み

大好きなプロダクトでもある○○さんの未来に関わるプロジェクト。
新しい可能性を一緒に探求させていただきたいです!!

ポイント

「こちらは、チームに新しい人が加わるときや新しいチームで集まるとき、これから長期のプロジェクトで関わるクライアントと初めてミーティングをするときなどにおすすめです。新規で入る人だけが自己紹介して終わってしまったり、名刺交換するだけで終わったりしてしまうと、距離感が縮まらないままになってしまいます。どこまで具体的に自己開示するかは、そのときの相手やメンバーによって異なるので、シートの内容や細かさをアレンジして使ってみてください」

身につくスキル

● コミュニケーション力　● チームワーク　● 信頼関係

偉人年表

13

時空を飛んで ロールモデル を見つける

☑ 新人研修　☑ 管理職研修
☐ 異業種交流　☐ 多様性研修
☐ チームビルディング
☑ 人材育成　☐ SDGs
☑ 学校　☐ 地域
☑ キャリア研修

30分

案内人
広江 朋紀

シチュエーション	対面／オンライン／大人数（50 人以上〜）
推奨人数	1 グループ 5 〜 6 人
必要なもの	事前に歴史上の主な人物の年表を用意
部屋のレイアウト	グループごとにテーブルを囲んで座る

WORKSHOP

① 「自分のキャリアやリーダーシップを考えるとき、つい自分の半径 3m 以内くらいの範囲にいる同僚や上司などと比べ、モチベーションを上げたり下げたりしがちです。しかし、もっと視野を広げて、みなさんが知っている過去の偉人が、何歳で何をしていたのかを見てみましょう。

例えば、モーツァルトが最初の交響曲を作曲したのは 8 歳、ビル・ゲイツがマイクロソフトを起業したのは 20 歳でした。また、ナポレオンが皇帝となったのは 35 歳、宮崎駿がスタジオジブリを設立したのは 44 歳、カーネル・サンダースがケンタッキーフライドチキンを創業したのは 62 歳でした（いくつか紹介する）」

対面の場合には、歴史上の人物、その人の偉業、偉業を成し遂げた年齢を書いた表を参加者が見えるように映したり貼り出したりするか、印刷して配布する。オンラインの場合は、みんなが見えるように映し出す。

偉人年表の例 ⬇ DL

年齢	人物	行動
8 歳	ヴォルフガング・アマデウス・モーツァルト（作曲家）	最初の交響曲を書く。
11 歳	森鴎外（作家）	東京医学校予科へ最年少で入学。
14 歳	マリー・アントワネット（王女）	フランス王子ルイ 16 世と結婚。
14 歳	ジョン万次郎（漁師、のちに通訳）	鳥島へ漂着して 143 日間のサバイバル生活を送る。
16 歳	山下清（放浪画家）	銀座にある画廊で初の個展を開催。画家として高い評価を受ける。
17 歳	手塚治虫（漫画家）	医学生から転身して、漫画家としてデビュー。
19 歳	沖田総司（幕末の志士）	新撰組一番隊隊長となる。
20 歳	ビル・ゲイツ（実業家）	ハーバード大学を休学し、マイクロソフト社を創業する。
21 歳	スティーブ・ジョブズ（実業家）	アップル社設立。
22 歳	チャールズ・ダーウィン（生物学者）	測量船ビーグル号に乗り、ここから 5 年間世界を旅する。
23 歳	高杉晋作（尊王の志士）	奇兵隊を創設する。
24 歳	チャールズ・チャップリン（喜劇俳優）	映画「ヴェニスの子供自動車競走」で扮したチョビ髭の紳士の格好が受け、以降のスタイルを確立。
25 歳	織田信長（戦国武将）	桶狭間の戦いで今川軍を破り、天下取りに名乗りを上げる。
26 歳	三島由紀夫（小説家、劇作家）	世界一周旅行中にギリシャで見た彫像に感化され、ボディビルによる肉体改造を始める。
26 歳	アルバート・アインシュタイン（物理学者）	「特殊相対性理論」「光量子仮説」「ブラウン運動の理論」等、5 つの論文を提出する。「奇跡の年」。なお、このときに提出した「特殊相対性理論」は大学側が理解できず、論文は受理されなかった。
27 歳	チェ・ゲバラ（キューバ革命家）	亡命先のメキシコでフィデル・カストロと出会い意気投合。軍医としてゲリラ戦に参加することを決意。
28 歳	宮本武蔵（剣豪）	巌流島で佐々木小次郎と戦う。
29 歳	アレクサンダー・グラハム・ベル（発明家）	電話の実験に成功。最初の言葉は「ワトソン君、用事がある、ちょっと来てくれたまえ」。
30 歳	坂本龍馬（幕末の志士）	西郷隆盛、桂小五郎（のちの木戸孝允）を説き伏せ、薩長同盟を成立させる。
31 歳	ジョン・レノン（シンガーソングライター）	楽曲「イマジン」発表。
32 歳	トーマス・エジソン（発明家、実業家）	エジソン電球（白熱電球）を開発。
33 歳	ジョージ・ルーカス（映画監督）	映画「スター・ウォーズ」公開。
34 歳	津田梅子（女子教育家）	米国の万国婦人連合大会に日本代表として出席。
35 歳	ナポレオン・ボナパルト（軍人）	フランスの皇帝となる。

年齢	人物	行動
36歳	安藤広重（浮世絵師）	東海道五十三次作成。前年に京都まで往復の旅をする機会を得ていた。
37歳	平将門（武将）	東国に国を建てる。
38歳	夏目漱石（小説家）	作家デビュー。デビュー作は「吾輩は猫である」。
39歳	田中角栄（政治家）	郵政大臣就任。戦後初の30代大臣。
41歳	クリストファー・コロンブス（冒険家）	西回りでアジアへ向かい、アメリカ新大陸に到達する。
43歳	ジョン・F・ケネディ（政治家）	アメリカ合衆国大統領選出馬、当選。
44歳	宮崎駿（アニメ監督）	スタジオジブリ設立。
45歳	アドルフ・ヒトラー（政治家、独裁者）	ドイツ総統となる。
46歳	勝海舟（幕臣）	江戸城を無血開城に導く。
47歳	真田幸村（武将）	大坂夏の陣にて、徳川家康を震撼させる。
48歳	西郷隆盛（政治家）	挙兵し、西南戦争を起こす。
50歳	ユリウス・カエサル（軍人）	ルビコン川を渡って元老院と対立。既得権で私腹を肥やす元老院議員を破る。
51歳	エイブラハム・リンカーン（政治家）	大統領選中、11歳のグレース・ベデルの手紙を見て、トレードマークになるヒゲを生やすようになる。
53歳	豊臣秀吉（戦国大名）	天下統一を果たす。
54歳	レオナルド・ダ・ヴィンチ（美術家）	この頃に「モナ・リザ」を描き上げたとされる。
55歳	ジャン・アンリ・ファーブル（生物学者）	これまでの研究成果を紹介するために昆虫記の出版を始める。最初の話題はフンコロガシ。
56歳	伊能忠敬（商人、測量家）	日本全国の測量開始。
57歳	東郷平八郎（軍人）	日露戦争、日本海海戦で、ロシア・バルチック艦隊を東郷ターンで撃破する。
62歳	カーネル・サンダース（実業家）	ケンタッキーフライドチキン創業。
83歳	フランク・ロイド・ライト（建築家）	83歳のときに自身の最高傑作は何か？と問われ、次の作品だ！と答える。
114歳	泉重千代（120歳長寿世界一）	114歳のときにギネスブックの取材で記者から「好きな女性のタイプは？」と問われ、「年上の女」と答える。

2 「では、偉人を1人選んで、各グループでその人について語ってください。自分と同じ年代の偉人を選んでもいいですし、年齢に関係なく自分があこがれる偉人を選んでもいいでしょう。なぜその人がいいと思ったのか、素敵だと思ったのか、キャリアのロールモデルとして参考になる点を、対話の材料にしていただくといいですね。では、どうぞ」

1人3〜5分程度ずつ話せるような時間を設定し、グループ内で自然に順番を回しながら話し合ってもらう。長くても全体で30分程度。

CLOSING 3

「いかがでしたか？　若くして偉業を成し遂げた人物もいれば、高齢になっても
チャレンジを続けた人物もいます。いつもの人間関係や自分の半径3m以内だ
けでなく、もっと視点を広げてロールモデルを探してみましょう。もしグルー
プ内で出たお話で共有いただけるものがあればお願いします」

時間があれば、各グループ代表者に簡単にグループ内で印象的だった話を全体に共有し
てもらう。

ポイント

「キャリア研修などでは、上司の期待やその人のグレード（役職）に応じ
た役割などへの期待＝Mustを優先に考えてしまいがちです。しかし、歴
史上の人物へと視野を広げることで、Mustだけでなく、自分がやりた
いこと＝Willを引き出すトリガーにしてもらいます。

これは、入社3年目研修や5年目研修などのアイスブレイクとして使う
こともあります。その頃になると、『自分のキャリアはこのままでいいの
か？』といった疑問が生まれたりするものです。そんなとき、このアイス
ブレイクに取り組むと、自分のWillを言語化できたりします。

配布する年表に書いてある偉業以外にも、自分の好きな偉人についてもっ
と詳しく話し始める人もいるでしょう。それも互いを知るアイスブレイク
の1つになります。

ここでは、あえてキャリアの宣言や約束へと誘導しません。スタートとし
て視野を広げ、Willに気づいてもらうきっかけとします。『ここでの対話の
エッセンスを、後でとり入れてくださいね』と一言伝えておくと、その後
のWSに活きていくでしょう」

身につくスキル

● 内省力　● 信頼関係　● キャリアプランニング

沈黙のペア散歩

14 2人のノンバーバル対話

☐ 新人研修　☑ 管理職研修
☐ 異業種交流　☑ 多様性研修
☑ チームビルディング
☐ 人材育成　☐ SDGs
☐ 学校　☐ 地域

50分

案内人
白土 詠胡

シチュエーション	対面
推奨人数	2人1組、30人以下
必要なもの	特にないが、外を散歩できる環境だとなおいい
部屋のレイアウト	窓があれば開ける。自由に動けるスペース

WORKSHOP

1 「まず、自分のいまの体の状態をチェックしましょう。マインドフルネス瞑想の1つ、ボディスキャン瞑想をやってみましょう。肩幅程度に足を広げて、ゆったり立ってみてください（座ってもいい）。そして、心地よく自然な呼吸をしながら、目を閉じます。外の空気や太陽の光を感じながら、ゆっくりと呼吸を続け、太陽の光が自分の頭のてっぺんから体の中に入ってくるのをイメージします。そして自分の頭から皮膚、髪の毛、足の先まで、いま体がどんな状態かスキャンするようなイメージでチェックしてみてください」

できるだけ落ち着いた静かな環境をつくり、全員立つか座ってもらう。静かに自分の体の状態をチェックしてもらう時間にする。3〜5分程度。

2 「それではゆっくりと目を開けてください。これからペアになって、外の散策をしてきてください。ただし、会話はしないでください。30分間一緒に歩き、ともに時間を過ごしてみてください。それでは、いってらっしゃい！」

2人1組になってもらい、散策に行ってもらう。ペアは、できるだけ先に決めておきたい。異年齢や異なる立場の人などを組み合わせるのが望ましい。できれば街中よりも自然の中や公園などを散策できるところがいい。ペアで歩くときは話せず、あまり離れずに一緒に歩いてもらうようにする。ファシリテーターも外に出て、その時間は全体を

確認しながら静かに散策する。

③ 「時間になりました。みなさん部屋に戻ってください。
（部屋に戻ってから）それでは、グループになって座ってください」
部屋に戻り、グループごとに座ってもらう。ペアは一緒でもバラバラになってもいいので、それぞれグループに入ってもらう。

④ 「それでは、どんなことを感じたか、グループで自由にシェアしてください」
10分程度、グループごとに自由に話してもらう。

CLOSING ⑤ 「最後にみなさんの体の状態をもう一度チェックしましょう。再び静かに呼吸をして目を閉じてみてください。体の状態をチェックしてみると、先ほどと比べてどうでしょうか（何人か聞いてみる）？　みなさんの体がほぐれてきましたね。そして、最初は2人きりの時間がぎこちなかったペアも、だんだんと会話がなくても距離感が縮まったのではないでしょうか。今日はこの状態で進めていきましょう」
先ほどと同じように静かに目を閉じて呼吸を続け、頭からつま先までボディスキャンをしてもらう。そして、少しでも体がほぐれているかなどチェックをしてもらい、自然の中で過ごした時間の恩恵を感じてもらう。

ポイント

「言葉を交わさないコミュニケーション、いわゆるノンバーバルコミュニケーションを自然の力を借りて体感してもらいます。あえて言葉を交わさずに2人で付かず離れず歩くのは、気まずいかもしれません。でもむしろ、その気まずさを味わってもらいましょう。言葉が使えないとなると、人は別の何かにアクセスして互いを理解しようとするものです。目を合わせても合わせなくてもいいですし、多少は離れてもいいですが、近い視界を持てるように動きます。できればペアの若いほう、役職が下のほうの人に合わせるように動くといいでしょう。
部屋に戻ってきてからは、グループで感じたことをお話ししていただきます。会話することを制限されて沈黙していた分、制限が解かれると、言葉が噴き出してくるものです」

身につくスキル
● 内省力　● コミュニケーション力　● 共創力

児浦 良裕

人間関係を築くための4つのポイント

　教師になる前、私は教育系企業で働いていました。社会人最初の10年間は学校営業を経験し、後半は営業マネージャーとして、若手営業担当者のコーチングなども経験しました。営業初期は三重県、福島県といった知らない土地での営業経験によって、人間関係を構築することなどかなり鍛えられたと感じています。

　この営業時代の経験から、いまでも大事にしているのは、相手との関係性を築くための4つのポイントです。**この4つのポイントは、アイスブレイクを自分で設計するときに、ぜひ考慮してもらいたい軸です。**

　私は営業用の自己紹介カードを自作し、さらに図の4つのポイントがパッと見てわかってもらえるように、表にまとめた紙を持ち歩き、「またおうかがいしますので、一番よく見えるところに貼っておいてください！」とアピールしたものでした。

4つのポイント

自分らしさ
自分のキャラクターです。自分がどんな人間なのか、どんな面をアピールしたいのか、などを一言で説明できるようにしておきます。地方営業をやっていた頃は、「若くて元気です！」などと書き、似顔絵イラストと一緒に入れていました。

自分の能力
自分が得意なこと、役割、持っているスキルなどです。例えば、私だったら「理系出身なのでデータを分析するのが得意です。データから発見した課題を解決するために、さまざまな実践例も提供できます」と伝えていました。

目的・意図
なぜアポイントをとったのか、なぜ顧客訪問しているのか、などです。例えば、当時は模試やアセスメントを学校に提案してしていたので、「学校がよりよくなるため、そして生徒の成長を実現するために、アセスメントの結果分析を通して成果や課題を共有してまいります」と伝えていました。

共通点
相手との共通点探しが最も重要です。訪問前に顧客情報を先に調査し、共通点を考えておきます。インターネットなどで事前に情報収集しておくことは当然ですが、紹介者がいるのであれば、その人から情報を聞いておくことも重要です。共通の知人や母校、出身地や好きな食べ物など、何でもいいのです。私の経験で最も盛り上がったのは、共通の知人の話題でした。先生方は卒業生の話題が好きな方が多かったですね。

アイスブレイクで共通点を発見する

　共通点を探るようなアイスブレイクは、かなりおすすめです。共通点と言っても、誕生日でも何でもいいのです。学校でクラス替えしたばかりのときの自己紹介では、よく誕生日を書いてもらっています。なぜなら、クラスの中で誕生日が同じ人がいる確率は、全員が異なる誕生日である確率よりも高いからです（私の専門は数学です！）。

　逆に、血液型は根拠のない先入観でイメージを持たれてしまうリスクがあるので、あまり話題に出さないようにしています。ほかにも、学校なら「なぜこの学校に入ったか」でもいいでしょうし、「得意なこと」「好きなこと」などポジティブなことを挙げてもらうのがいいですね。

　まったく知らない相手でも、興味や趣味、食べ物の好みなど、何かしら１つは共通点があるはずです。それを早めに見つけることが、その後の関係性の構築や居心地のよさにつながるでしょう。

　互いに関係性をつくるアイスブレイクを設計する際は、「自分らしさ」「自分の能力」「目的・意図」を共有するような内容にすると、何かしらの共通点が見えてくるのでおすすめです。

　写真は十数年前に営業開発担当者として企業にいた頃に、今回の共著者となった佐野先生にサプライズで誕生日をお祝いしていただいたときのものです。

Part

3

対話を
活性化する

あたりさわりのない会話や、
それらしくきれいにまとまった言葉は、
もういらない！
一歩踏み込んだ対話をうながしましょう。

お地蔵さんと菩薩さま

15

あなたの
傾聴スキルは
神レベル？

☐ 新人研修　☑ 管理職研修
☐ 異業種交流　☐ 多様性研修
☑ チームビルディング
☐ 人材育成　☐ SDGs
☑ 学校　☐ 地域

20分

案内人
松場 俊夫

シチュエーション	対面／オンライン
推奨人数	1 グループ 2〜3 人
必要なもの	特になし
部屋のレイアウト	グループごとにテーブルを囲んで座る

WORKSHOP

①「これから 2 人 1 組になり、それぞれ役割を決めてもらいます。1 人は話し手、もう 1 人は聞き手になってください。話し手は『最近うれしかったこと』を 1 分で話していただきます。何を話すか少し考えてみてください」

2 人 1 組で向かい合ってもらい、話し手と聞き手を決める。話し手に考える時間を与える。

②「考えましたか？　それでは、聞き手はこれからお地蔵さんになって聞いてください。お地蔵さんは、うなずいたり相づちをしたりするのは禁止です。無表情で微動だにせず、話し手の足元あたりをボーッと見て、話し手と目を合わせないで聞いてください（デモンストレーションする）。こんな感じです。それでは 1 分始めます。どうぞ」

ファシリテーターは棒立ちになり、お地蔵さんをデモンストレーションして見せる。そして、各ペアの話し手に「最近うれしかったこと」を 1 分間話してもらい、ファシリテーターは時間管理する。

③「それでは今度は、聞き手は菩薩さまになって聴いてください。菩薩さまは、微笑みながら、うなずいたり共感したりしつつ聴いてください。質問をすること

は NG ですが、『へ～』『ほ～』といったようなリアクションは OK です。話し手は同じ話をしてもいいですし、別の『うれしかったこと』でもかまいません。それではどうぞ」

今度は、ファシリテーターは菩薩さまをデモンストレーションしながら説明する。また1分間、話し手に語ってもらう。ファシリテーターは時間管理。

CLOSING 4

「いかがでしたか（何人かに感想を共有してもらう）？　**傾聴というのは、ただ聴くだけでなく、表情を変化させたり、うなずいたり、共感を示したりするなど、言葉を使わないノンバーバル（非言語）のコミュニケーションスキルも非常に大事**になります。それによって、話し手が話しやすくなったり、より心を開くことができたりします。それでは今度は話し手と聞き手を交代し、まずはお地蔵さん、そして菩薩さまをやってみましょう」

お地蔵さんと菩薩さまを相手に話してみて感じた違いを発表してもらう。そして、傾聴について解説したうえで、話し手と聞き手のポジションを交代してもらう。

ポイント

「3人で行う場合は、話し手、お地蔵さん、菩薩さまの3つの役割を3人の間で回していきましょう。表情や反応のないお地蔵さん、笑顔でうなずいて聴いてくれる菩薩さま、それぞれに向かって話すことで、いかに話しやすさが違うかということを体験することが大事です。特にお地蔵さんが相手の場合、居心地の悪さなども含め強く印象に残るはずです。中には、我慢できず話すのをやめてしまう方もいます。コーチング研修や管理職研修など、傾聴スキルを学ぶ WS や研修の前に行うのに適しているアイスブレイクです。これを最初にやることで、その後はみんなが傾聴を心がけるようになり、積極的にうなずいたりしてくれるでしょう」

身につくスキル
● 傾聴力　● 共感力　● リーダーシップ

4 ポジション対話

16

異なる役割で視点を変えて語ろう

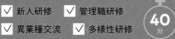

☑ 新人研修　☑ 管理職研修
☑ 異業種交流　☑ 多様性研修
☑ チームビルディング
☑ 人材育成　☑ SDGs
☑ 学校　☑ 地域

40分

案内人
佐野 和之

シチュエーション	対面
推奨人数	1グループ4人程度
必要なもの	特になし
部屋のレイアウト	グループごとにテーブルを囲んで座る

WORKSHOP

1　「まず、グループのメンバーを次の4つのポジションに分けてください。それぞれ、Mover（推進役）、Follower（従者）、Opposer（反対役）、Observer（観察役）です。Mover は、どんどん話を推進させる役です。Follower は推進役が出した意見に補足したり、同意したりする役です。Opposer は、冷静に反対意見を出したり別の提案をしたり、『こういう場合はどうだろう？』と疑問を投げかける役です。ただし、否定するだけではなく、相手の意見に敬意を払ったうえで、自分の意見を出してください。Observer は、距離をとって観察し、全体を把握する役です。割り振られたそれぞれの役割を意識しながら、これからの対話を進めてみましょう。それでは、『●●●』について、まず5分間話し合ってみましょう」

4つのポジションについて説明し、それぞれ1つずつ割り振ってもらう。テーマはその日の WS や研修に合わせ、入りやすいものを設定する。

Mover(推進役)	Follower(従者)	Opposer(反対役)	Observer(観察役)
どんどん話を推進させる人	Moverが出した意見に補足したり同意したりする人	反対意見や別の提案を出す人	距離をとって観察して全体を把握する人

(2) 「時間になりました。では、今度はポジションを変えて、次の『▲▲▲』という テーマについて、5分間話し合ってみてください。どうぞ（同様に、すべての役 割が全員に回るようにする）」

ファシリテーターは5分間時間管理。自分の役割に悩んでいる人や、すぐ相手を否定し てしまう人などをチェックしながら、必要に応じてサポートする。同じように全員がす べての役割を経験するまで役割交代と対話を繰り返す。

CLOSING
(3) 「それぞれのポジションを経験してみて、いかがでしたか？ 普段の会議や話し 合いの場でも、自分がどのポジションに立っているのか、どのポジションに偏り がちなのか考えてみてください。例えばいつも自分は『Opposer』ばかりだ と思ったら別のポジションに動いてみよう、などと意識してみるといいですね」

4つのポジションという枠組みを、普段の仕事や生活に活かせる方法を示して終わる。

ポイント

「それぞれポジションと役割を意識したうえで話をすると、改めて自分の 普段の立ち位置を確認するとともに、別の立ち位置から見てみるという 経験ができます。いつも否定ばかりしていないか、全体を俯瞰して見るこ とができているか、これからどんな方向に話を持っていけばいいのか……。 その役割に自分が慣れているか、向いているかに関係なく、強制的に 役割を割り振られるので、やってみて初めて気づくこともあるでしょ う。

今回はこの4つに分けましたが、例えばSDGsなどがテーマであれば、木 や椅子など『物』の立場になってみても面白いですね。普段とは異なる視 点で見ることで、議論が活性化され、新たな視点が見つかる方法です」

身につくスキル
● 発想力 ● 社会課題解決能力 ● 論理的思考力

Part 3　対話を活性化する

毛糸でつながれ

17

一人ひとりの
想いを
みんなで編む

☑ 新人研修　☑ 管理職研修
☑ 異業種交流　☑ 多様性研修
☑ チームビルディング
☐ 人材育成　☑ SDGs
☐ 学校　☑ 地域

20
分

案内人
広江 朋紀

シチュエーション	対面
推奨人数	5 〜 15 人程度
必要なもの	太めの毛糸の玉（なるべく大きなもの）
部屋のレイアウト	机などを置かず、円座に

WORKSHOP

① 「今日の WS を通じて、職場や現場に活かしたい、持ち帰りたいと思っていることを、最初にみんなで共有しましょう。毛糸を持っている人が『こんなことをやっていきたい』というコミットメントを宣言し、終えたら毛糸の玉をほかの人にパスしてください。玉は投げても、もう一方の手で毛糸を 1 本つかんだままにしてくださいね。毛糸が人と人の間をつないでいくように投げてください」

毛糸の玉を両手で持ち、コメントを述べたら、次の人に軽く投げてパスしていってもらう。その際に、毛糸は片手に残してもらい、人と人が毛糸でつながるように投げてもらうように説明する。

② 「では、まずは私から始めますね。『普段、思っていてもなかなか言えない、聞けないことを分かち合いたいです』。では、次の方どうぞ」

最初はなかなか理解しづらいので、ファシリテーターがお手本を示して次の人にパスすると、その後続きやすい。なるべく隣の人ではなく、少し離れた人に渡すようにする。

③ 「さて、全員に行き渡りましたね。持っている毛糸を引いたり押したりしてみてください。何を感じますか？」

輪の中を毛糸が行き来することで、クモの巣のような形ができているはず。それぞれ毛糸を離さないまま、引っ張るなど試してもらい、感じたことを何人かに言ってもらう。

CLOSING ④ 「誰かが毛糸を引っ張るとほかの人にも伝わって、互いにつながり合っていることを実感できますね。組織は、個人それぞれの独立した意見や行動だけで成り立っているのではなく、それがお互いに影響し合って成り立っています。互いに高め合ったり、刺激し合うことで組織は強くなるので、これからもそういう関係をつくっていきましょう」

クモの巣が象徴する意味を説明してアイスブレイクを閉じる。

ポイント

「今回はアイスブレイクとして紹介しましたが、研修やWSの最後に『今日の学びから現場で活かしたいこと』というテーマで振り返りとして行ってもいいですね。学びを机上だけで行うのではなく、学んだことを体の感覚やビジュアルで記憶に残していくことができます。みんなの気持ちが盛り上がり、つながりを感じられるので、WSの最後からそのまま現場へとつなげていくことができるでしょう。組織づくりやチームビルディング系の研修にも向いています。会社などで行う場合には、玉を次に投げる相手について、『普段は仕事でつながれていない人やこれからつながりたいと思う人にパスしてください』と伝えると、なおさら効果的でしょう。『つながってみたいと思う理由もぜひ教えてください』とつけ足すと、互いに関心を持つこともできておすすめです」

身につくスキル

● 共創力　● チームワーク　● 信頼関係

価値観カード

18 本当に大事にしたい3つの価値

☑ 新人研修　☑ 管理職研修
☑ 異業種交流　☑ 多様性研修
☑ チームビルディング
☑ 人材育成　☑ SDGs
☑ 学校　☑ 地域

60分

案内人
佐野 和之

シチュエーション	対面
推奨人数	1グループ4〜5人程度
必要なもの	「価値観カード」1グループ1セット
部屋のレイアウト	グループごとにテーブルを囲んで座る

WORKSHOP

1 「これから価値観カードでゲームをしましょう。まずグループごとに置かれている価値観カードを1人3枚ずつ、裏返しにして配ってください。残りのカードは裏返しにしたまま、山にしてまとめてください。ほかの人に見えないように、自分のカードにどんな価値が書かれているのか確認してください」

ファシリテーターは1チーム1セットずつカードを配布しておく。1人3枚ずつ配ってもらい、それぞれカードを本人だけ確認する。

2 「それでは、始めます。トランプと同じように、自分の番が来たら山からカードを1枚引きます。引いたら、**手持ちの3枚を含め4枚のカードの中から、自分が手放してもいいと思う価値のカードを1枚捨ててください**。捨てたカードは、表側を上にして山の周りに置いてください。それを時計回りに1人ずつ行っていきますが、次の人は新しいカードを山からとってもいいですし、ほかの人が捨てたカード

の中からとってもいいです。1枚拾い、1枚捨てる、というのを順番に繰り返してください。山がなくなるまで続けてください。ではスタートです」

ファシリテーターはルールを説明する。可能であれば、簡単にプレーの方法を見せながら説明できるといい。ルールがわかったらスタートしてもらう。ファシリテーターは全体を回りながら、プレーに悩んでいるグループや停滞しているグループをサポートする。

③「カードの山がなくなりましたか？ それでは、手元に最後に残った3枚をグループのメンバーに見えるように公開してください。いま、みなさんが大切にしている3つの価値が残っています。1人ずつなぜその3枚が残ったのか理由を共有してください。そして、1人話したら残りのメンバーはその話を聞いて感じたことをぜひフィードバックしてあげてください。一言でいいので、1人が話したらフィードバック、というのを順番にやってください。どうぞ」

3枚を最後まで残した理由を1人ずつ話してもらい、その後に残りのグループメンバーからフィードバックをもらう。ファシリテーターは円滑に回るようにサポートする。

CLOSING ④「今日選ばれた3つの価値観は、いまそれぞれの方が大事にしている価値ですが、別のときにプレーしたらまた別の3枚になるかもしれませんね。大事にしている価値は変わってもいいですが、お互いが大事にしている価値観がわかったら、それを互いに尊重していけるといいですね」

ファシリテーターは、このアイスブレイクと相手の価値観を大事にすることの理由を説明して終わる。

ポイント

「価値観カードは、私が勤務する学校で先生方と一緒に作りました。それぞれの現場や研修内容に合わせて、価値観の言葉を選んでオリジナルのカードを作ってみてください。手持ちのカードが3枚になるように取捨選択することで、自分がいま大事にしている価値を内省でき、気づきも生まれます。さらに、選んだ価値観を互いに共有することで、相手が大事にしている価値観やこれまで経験したことを知ることができます。そうした共通認識ができたうえで次のWSや研修に入れると、対話が深まっていくでしょう」

身につくスキル

● 内省力　● コミュニケーション力　● 信頼関係

感情表現カード

19 いまの感情を言葉と表情で共有しよう

- ✓ 新人研修
- ☐ 管理職研修
- ☐ 異業種交流
- ✓ 多様性研修
- ☐ チームビルディング
- ☐ 人材育成
- ☐ SDGs
- ✓ 学校
- ✓ 地域

30分

案内人
佐野 和之

シチュエーション	対面
推奨人数	1 グループ 4 ～ 5 人
必要なもの	「emochan card」1 グループ 1 セット
部屋のレイアウト	グループごとにテーブルを囲んで座る

WORKSHOP

(1) 「それでは、少し静かな時間を持ちましょう。いま、自分の中にどんな感情や想いがあるでしょうか。目を閉じて、自分の中の想いに気持ちを少し向けてみてください」

静かに 1、2 分、それぞれ考える時間をとる。ファシリテーターは全体の落ち着いた雰囲気づくりにつとめる。

(2) 「では、目を開けてください。1 チームに 1 セットずつ『emochan card』を配布しました。カードの表情の面を表にして、すべての絵柄がみんなに見えるように並べてください」

ファシリテーターは 1 チーム 1 セットずつカードを配布しておく。絵柄には、ニコニコの顔、泣き顔、イライラした顔などがある。そして、すべての絵柄が見えるように並べてもらう。

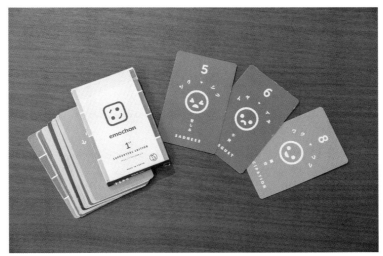

emochan card / 株式会社 KOU
https://play-emochan.stores.jp/

③ 「それぞれ異なる感情を表す 8 枚のカードがありますが、**いまの自分の感情に合**
うものを 1 枚選んで、どうしてそれを選んだのか言葉にしてみてください。ジョーカーのカードもあります。自分の感情にぴったりマッチしたカードが見つからない、という場合はジョーカーを選んでもいいですよ。
それでは、1 人ずつ順番にお願いします。ほかの人と同じ感情のカードでもいい
ですよ」

1 人ずつ順番にカードを 1 枚選び、それを選んだ理由を話してもらう。全員に順番が回るようにファシリテーターはサポートする。全員が 1 回ずつ終わるまで 10 〜 20 分程度、時間管理する。

「自己認識」を育む

教育現場ではいま、SEL（Social and Emotional Learning ＝社会性と情動の学習）が注目されています。その中で重要とされているのが、次の5つの力です。

● 自己理解（self-awareness）
● 自己制御（self-management）
● 社会性（social awareness）
● 対人関係スキル（relationship skills）
● 責任ある意思決定力（responsible decision-making）

emochan card を使ったこのアイスブレイクは、この5つの力のうち「自己理解」と「社会性（他者への理解と共感）」を育むものです。

自身の現在の感情に意識を向けることで、自分がどのような感情を持っているのかに気づく回数を増やす。そうすることで自己理解が進みます。

このアイスブレイクを発展させて、「自分が気になっていること」や「モヤモヤしていること」をテーマに設定して仲間に聞いてもらい、その話から感じとれた感情を仲間からフィードバックしてもらうこともできるでしょう。

その際、話し手はフィードバックされた感情が本当に自分の中にあるのかどうか内面に意識を向け、自分では気づけなかった感情にフォーカスすることができます。また、聴き手は他者の感情や体験を通じて、共感力が育まれていきます。

CLOSING 4

「いかがでしたか？　やってみてどうだったか、何人か感想を全体にシェアしてください」

全体で共有してもらえそうな人にファシリテーターが感想を聞く。

ポイント

「このアイスブレイクは、まだお互いのことを知らない初心者同士のWS
や研修、集まりの最初に向いています。なかなか自分を出しにくいとき
に、表情のカードの力を借りることで話しやすくなります。『今日はこう
いう場に初めて来たのでドキドキしています』といった一言でかまいませ
ん。そんな不安も声に出せて、周囲に聞いてもらえたことで、受け入
れてもらったとホッとできるのです。

よくチェックインなどで、いまの「感情」や「感覚」を教えてください、
とお願いすることがあります。「ドキドキしています」とか「安定してい
ます」といった感情を教えてほしいのに、「〜なので〜だと思います」な
どと、やたらと状況を描写してしまう人がいます。そんな人でも、カード
の中から選ぶなら、自分の感情を特定して表現できるものです。

また、知っている人同士のWSなどの場合には、研修やWSが少し行き
詰まってきた休憩後などに、それぞれの感情を出すためにとり入れるのも
いいと思います。『なんだか午前に言えなかったことが胸につかえていて
……』と言い出せたら、そこからやり直すチャンスです。そのモヤモヤ
や感情を持ったまま進めるより、互いの感情をカードの力で外に出し
て共有することで、また一歩深めた対話が生まれていくことでしょう。

カードは、上の写真に示した例のように、感情のイラストなどを自分たち
で描いたり、感情がわかるような表情の写真を集めたりしてオリジナルを
作ってもいいかもしれませんね」

身につくスキル

● 内省力　● 傾聴力　● 信頼関係

あのときのピンチ

20 いまの自分をつくったもの、大切な価値観

☑ 新人研修　☑ 管理職研修
☐ 異業種交流　☑ 多様性研修
☑ チームビルディング
☑ 人材育成　☐ SDGs
☐ 学校　☐ 地域

30分

案内人
広江 朋紀

シチュエーション	対面／オンライン
推奨人数	1グループ5～6人
必要なもの	記入用のシート、筆記用具
部屋のレイアウト	グループごとにテーブルを囲んで座る

WORKSHOP

① **「これから、自分にとって試練だったと思う体験について、グループで共有してもらいます。『あの経験があったからこそ、いまの自分がいる』と感じる、人生の象徴的なできごとを思い出してください。ほかの人に共有しても大丈夫と思える範囲で結構です。それについてご自身で思い返し、配布したシートに記入してみてください」**

図のようなシートを全員に配布し、5分くらいかけて記入してもらう。相談せずそれぞれ作業する。オンラインの場合は、事前に記入してもらってもいいし、その場で記入できるようなフォーマットで共有してもいい。

「あのときのピンチ」整理メモ　⬇ DL

いまの自分に影響を与えている「あのときのピンチ」を振り返ってみましょう	
それは、いつの頃の話？	どんな関係者がいた？
一言で言うと、どんなピンチ？	そのピンチと遭遇したときの感触は？
忘れられないシーン（光景）は？	耳に残っているセリフは？
ピンチを乗り越えてつかんだ成果は？	いまの自分にどう活かされている？

神経言語プログラミング（NLP）を活かして記憶を呼び起こす

　「あのときのピンチ」整理メモは、実は神経言語プログラミング（Neuro Linguistic Programming、NLP）を活用しています。NLPとは、心理学や言語学に基づく理論で、ビジネス、スポーツ、教育などの分野で活かされているものです。

　人間は五感（聴覚、視覚、触覚、嗅覚、味覚）によって世界を認識し、起こったできごとや情報を処理しています。NLPでは、人間の五感を視覚（Visual）、聴覚（Auditory）、身体感覚（Kinesthetic）の3つに区分し、まとめてVAKと呼んでいます。こうした感覚によって、私たちの思考や行動が形成されていると考えます。「あのときのピンチ」整理メモに出てくる質問には、このVAKの要素が盛り込まれています。

●視覚（Visual）　　　　　→「忘れられないシーン（光景）は？」
●聴覚（Auditory）　　　　→「耳に残っているセリフは？」
●身体感覚（Kinesthetic）→「そのピンチと遭遇したときの感触は？」

こうした感覚は、あえて問われないと、なかなか記憶の中から呼び起こされないものです。「あのときのピンチ」について振り返ってもらう際は、ただ事実関係を話してもらうだけでなく、感覚を呼び起こすような枠組みで切ってあげることで、より深くて豊かな話や意外な事実を引き出すことができます。

②　「記入できましたか？　それでは、これから1人5分以内で、そのできごとについてグループで共有してください。聞いている方たちは、話を聞きながらも『それはいつ頃の話ですか？』『そのときどんな人がいましたか？』など、簡単な質問をして話をサポートしてあげてください。
　また、フィードバック用メモに、その人の話を聞いて感じたことや、話し手が大事にしている価値観や"らしさ"をメモしておき、1人終わるごとにその印象をご本人にフィードバックしてあげましょう。ではまず、誕生月の早い方からどうぞ」

1人5分程度話し、終わったらほかの人がフィードバックをする、という流れを繰り返す。1人ずつタイムキープするのではなく、グループ内で自然に進めてもらう。時間がない場合には、フィードバック用メモを1人分ずつ切りとって、本人に渡せるようにするといい。

「あのときのピンチ」フィードバック用メモ **⬇ DL**

ストーリーを聞いて話し手が大事にしている価値観や"らしさ"をフィードバックしましょう	
To　　　　　さん	To　　　　　さん
To　　　　　さん	To　　　　　さん

CLOSING
3

「全員に順番が回ったでしょうか？　**自分が体験したことを振り返って語る"ス トーリーテリング"は、誰かとインタラクションすることでさらに意味が広が ります。グループからフィードバックを受けたことで、より豊かな振り返りに なったことでしょう」**

「ストーリーテリング」と「フィードバック」の効果について説明してアイスブレイク を閉じる。

ポイント

「自分の成功体験よりもピンチに陥った体験について語ることで、よ り本人の人間性が出てくるケースが多いです。さらに、聞き手からフィ ードバックを受けることで、自分が大事にしている価値観などに気づくき っかけにもなります。

『自分が大事にしている価値観に気づけてよかったね』で終わらせてもい いのですが、このアイスブレイクの派生形として、そのときのテーマに 合わせて、フィードバックする際の観点を提示してもいいでしょう。

例えば、自社のミッション、バリュー、パーパスとつなげて話を発展させ ることもできます。会社の行動指針やバリューなどが明文化されているの であれば、それを見えるところに貼っておき、グループのメンバーがフィ ードバックをするときに、『いまの話は、会社のバリューのこの部分に該 当するのでは？』『こういう点で関連しているのでは？』という観点から 考えます。こうして、自分の個人的な経験を会社が目指すミッションや バリューと同期させることができます」

身につくスキル

● 内省力　● 傾聴力　● 共感力

よかったカルタ

21 マイナスをプラスに転換する思考

☑ 新人研修　☑ 管理職研修
☐ 異業種交流　☐ 多様性研修
☑ チームビルディング
☑ 人材育成　☐ SDGs
☑ 学校　☐ 地域

60分

案内人
佐野 和之

シチュエーション	対面
推奨人数	1グループ4人
必要なもの	「人生よかったカルタ」1グループ1セット
部屋のレイアウト	グループごとにテーブルを囲んで座る

WORKSHOP

①　「1チームに1セットずつ『人生よかったカルタ』を配布しました。まず、絵札をすべて表にしてテーブルに並べてください。そして、グループで読み手を1人決めて、読み札はその人に渡してください」

ファシリテーターは、1チーム1セットずつカルタを配布しておく。そして絵札と読み札の違いを見せ、各グループに準備してもらう。

②　「それでは、これから読み手に読み札を1枚読んでもらいます。そうしたらその絵札を見つけた人は『よかった！』と言いながら、百人一首などと同じようにとってください。とったら、よかった理由をその場で考えて言ってみてください。深く考えず、できるだけすぐ言ってくださいね。読み手が絵札をとることはできません。

それでは、一度やってみましょう。読み手が『授業が難しくてよかった』と読んで、その札を見つけたら『よかった！』と言ってとります（やって見せる）。『自分だけがわからないわけじゃないと気づけたから』という風に、パッと思い浮かんだことでかまわないので理由を言います。そして、よかった理由がいいなと思ったら、グループのみなさんも『よかった！』と言って拍手してくださ

いね。それではスタート
しましょう！　絵札を一
番多くとれた人が勝ちで
す」

準備ができたらファシリテ
ーターが例を見せる。どこ
かのグループの読み手に手
伝ってもらってもいい。参
加者はファシリテーターの
例に引っ張られがちなの
で、あまり重たい例を出さ
ないほうがいい。カルタが

和田裕美監修「人生よかったカルタ」株式会社 HIROWA
http://special.wadahiromi.com/yokatta_karuta/

始まったら、全体の雰囲気や進度などを見ながら、グループの人たちが「よかった！」
と拍手するのに加わるなどサポートする。

③ 「すべてのグループがカルタを終えましたか？　一番多くの札をとった人は手を
挙げてください。おめでとうございます！　やってみてどんな感覚になったか、
何人か感想を共有していただけますか（会場内で何人かに聞く）？」

グループで最も多くとれた人に手を挙げてもらうが、インタビューするのは勝者でなく
てもいい。数人を指名し、カルタをやってみた感想を全体に共有してもらう。

CLOSING ④ 「ありがとうございます。では最後に、みなさんで『よかった！』と言って拍手
して終わりましょう。『よかった！』（拍手）」

最後も全体で「よかった」と言って拍手して終わりにする。

ポイント

「このカルタは、ネガティブなことをポジティブに転換する練習ができま
す。残念なできごとも、見方を変えればよい方向に考えられるかもし
れないですよね。これを考案された和田裕美さんは『陽転思考』という
言葉を使っていますが、物事をプラスに転換するクセがつけば、ピンチ
もまさにチャンスになります。これは仕事でも日常生活でも大事な発想
ですよね。よかったカルタそのものがなければ、自分たちで "残念なでき
ごと" とその絵札を作って取り組んでもいいでしょう」

身につくスキル

● 内省力　　● 発想力　　● 社会課題解決能力

犯人探しプロファイル

22

頭脳を寄せ合って謎解きする

- ☑ 新人研修
- ☐ 管理職研修
- ☑ 異業種交流
- ☐ 多様性研修
- ☑ チームビルディング
- ☐ 人材育成
- ☐ SDGs
- ☑ 学校
- ☐ 地域

50 分

案内人
児浦 良裕

シチュエーション	対面／オンライン／大人数（50人以上〜）
推奨人数	1グループ3〜4人
必要なもの	紙、ペン、情報カード×チーム分
部屋のレイアウト	チームごとに座る

WORKSHOP

① 「あなたたちはプロの忍者です。プロの忍者は、秘密の情報をもとにさまざまな判断を下してきました。これから情報の書かれたカードをお渡ししますが、カードにはそれぞれ違うことが書いてあります。裏返しにしたまま、チーム内で分けてください。そのカードを互いに見せ合うのは禁止ですので、まずは静かにそれぞれ自分のカードを見てください」

ファシリテーターは下記の情報カードを1チームに1セットずつ渡し、チーム内でカードを分けてもらう。1人2、3枚になっていい。

情報カード

ナツ・ユキ・ナルト・サスケの4人のうち誰かが犯人。	4人はそれぞれ年齢が異なる。（15、16、17、18歳）	4人はそれぞれ得意技が異なる。（暗記、手裏剣、高跳び、変装）

犯人は、 手裏剣が得意だ。	18歳の人は、 暗記と手裏剣が 苦手だ。	変装が苦手な サスケは、 手裏剣が苦手な ナツより 1つ年下だ。
ユキは、 高跳びが苦手な 15歳の人と 仲がいい。	変装が苦手な ナルトは、 ユキより 1つ年上だ。	16歳の人は、 高跳びと変装が 苦手だ。

② 「では、そのカードの情報をチーム内で共有して、犯人を探してください。ただし、カードを見せ合うことはできないので、口頭でのみ共有できます。各チームに1枚ずつ紙とペンを配りますので、それを使って情報を整理してもいいです。ほかのチームも同じカードを持っているので、聞こえないように注意してくださいね。犯人がわかったら、司会者へ報告に来てください。ではスタート！」

各チームに紙とペンを配り、チーム内でそれぞれのカードの情報を共有しながら犯人を探してもらう。犯人がわかったチームがいたら、小声でファシリテーターに報告。ファシリテーターは、1位、2位と順位を確認する。時間は30分程度。

③ 「では、これでタイムアップです。正解を発表します！　正解は、サスケです。どうでしたか？　では、1位のチームに、どうやって正解にたどり着いたのか教えてもらいましょう」

正解を発表し、1位のチームにインタビューして共有してもらう。

正解は……？

	15 歳	16 歳	17 歳	18 歳
ナツ	× サスケが 自分より 1 つ年下だから			× 手裏剣が 苦手だから
サスケ			× 18 歳ではない ナツより 1 つ年下だから	× ナツより 1 つ年下だから
ユキ	× ナツより 1 つ年下だから			
ナルト	× ユキより 1 つ年上だから	× 15 歳ではない ユキより 1 つ年上だから		

⇒サスケはナツの 1 つ年下、ナルトはユキの 1 つ年上なので、色を塗った組み合わせに限定される！

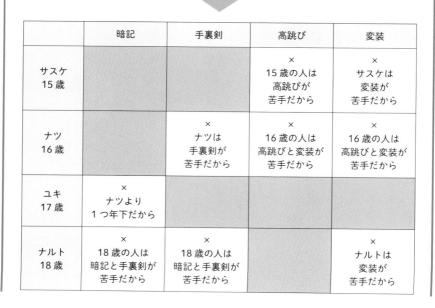

	暗記	手裏剣	高跳び	変装
サスケ 15 歳			× 15 歳の人は 高跳びが 苦手だから	× サスケは 変装が 苦手だから
ナツ 16 歳		× ナツは 手裏剣が 苦手だから	× 16 歳の人は 高跳びと変装が 苦手だから	× 16 歳の人は 高跳びと変装が 苦手だから
ユキ 17 歳	× ナツより 1 つ年下だから			
ナルト 18 歳	× 18 歳の人は 暗記と手裏剣が 苦手だから	× 18 歳の人は 暗記と手裏剣が 苦手だから		× ナルトは 変装が 苦手だから

⇒すべての条件を満たすのは、次の組み合わせに限定される！
- ●サスケ（15歳） → 手裏剣が得意 ⇒ 犯人！
- ●ナツ（16歳） → 暗記が得意
- ●ユキ（17歳） → 変装が得意
- ●ナルト（18歳） → 高跳びが得意

(4) 「では、紙を配布しますので、それぞれ振り返って書き出してみましょう。自分がよかったこと、メンバーがよかったこと、チームとして改善すべきだったことなどを書いてみてください。よかったことについては、具体的にどの人のどんなところがよかったかを書いてくださいね」

それぞれ紙を配布して、振り返りを書いてもらう。

CLOSING (5) 「今回は、**それぞれ持っている情報を共有することの大事さ**に気づけたかと思います。これからさまざまな問題解決をしていくうえでも、同じようなことが出てきます。**情報を互いに共有し、自分たちなりに整理して、解決に向けて意見を出し合う**ことが求められます。問題を解決できてもできなくても、これからのWSもここで得られたことを活かして取り組んでいきましょう」

このアイスブレイクを通して得られた気づき、情報共有することや相談することの大切さについて共有する。

ポイント

「まだ関係性ができあがっていない新しいチームにおいて、コミュニケーションを向上するためにふさわしいアイスブレイクです。情報整理や情報収集が必要なので、必然的にみんなが声を出して相談し、アイデアを出し合わなければいけません。対話しているうちに、メモをとる人、話をまとめる人など、それぞれの得意なことや役割が見えてくるきっかけにもなります。

このアイスブレイクを通して、情報の共有や整理、解決に向けてアイデアを出し合うことなどを体感することができ、解決できなかったとしても次へとつなげていくことができるでしょう。

この忍者の例を使わず、オリジナルの謎解きゲームを考えてみてもいいですね」

身につくスキル

●コミュニケーション力　●チームワーク　●社会課題解決能力

白土 詠胡

自然に触れて、活性化する対話

　私は人材企業や社会人向けの教育研修を行う企業に勤務した後、コンサルタント・コーチとして独立しました。そして子育てしながら、サステナブルな社会を目指し、オーガニックな野菜の生産と販売を行う会社の立ち上げにも参画しました。

　現在は、企業コンサルティングやコーチング、研修などをしながらも、有機農業に取り組み、農業する人を育てる学校も運営しています。農場には、さまざまな企業の方々が研修や WS にいらっしゃいます。

　有機農業と企業研修、まったく異なる 2 つのことのように見えますが、実は、農業で野菜を育てることは、組織づくりに通じるものがあるのです。

自然界と組織の共通点

　有機農業の方法は、自然栽培に近いです。畑に無駄なものはありません。虫や雑草は厄介視されがちですが、自然界で起きることにはすべて理由があります。それを活かさず、なんとか制御して火消ししようとすると、望ましくない状態になってしまいます。

　畑で虫が出たり病気が発生したりしたとき、私たちはそこへ直接アプローチしないと決めています。そうではなく、その周りの環境で制御するという考え方を大切にしています。

　それは、組織も同じではないでしょうか。「これが正解だからこっちへ行こう！」と無理やり引っ張り、メンバーをコントロールしようとするリーダーは、もう時代には合いません。何が起こっているのか観察し、個々が持っているものを活かしていく力が必要なのです。

　何か問題が起きたとき、「誰かが悪い」と個人に責任を求めるのではなく、「そういうことが起きる環境や仕組みになっていたのね」と理解する。「起きることにはすべて理由がある」ととらえると、そのように思考することができるようになります。

　そうしたことを組織開発や経営者の方に話すと、共感される方が多いですね。

　気候変動や環境破壊も含め、世界はどんどん変化しています。一人の知見だけですべてを判断したり、解決したりできる時代ではなくなりました。複数の人で、状況を見ながらそれぞれの力を寄せ合って判断し、取り組んでいく必要があります。正解はどこにもありません。私たちは、ベストな意思決定をするのは難しく、ベターな意思決定しかできないことを受け入れる必要があると思います。

　正解のない世界であるからこそ、トライ＆エラーは必須。失敗というのは悪いことではなく、ただの仮説検証ですよね。

　「諦める」の語源は、「明らかに見極める」だそうです。

　ということは、「今回失敗したということは、何がダメだったのだろう。じゃあ次は、これを試してみよう」と考えながら、トライ＆エラーを繰り返せばいいのです。農業では、天気がよくて日照りが続いても、逆に水が多すぎてもダメになってしまうことがあります。よいと思ったことでも、やりすぎたらダメという可能性もあるわけです。

　こうした話も、畑へ行くと、オフィスにいるときよりもスッと受け入れられて腹落ちするようです。やはりその場の力はあると思います。

　結局は、人間も自然の一部。　畑で時間を過ごすと、五感が鋭敏になります。その五感を開くためにも、畑で作業をして土や虫や作物を触ってもらいます。さらに味見をする、食べるという共通体験は、シンプルでありながら、何より強い体験です。五

感を開きながら頭の中も開いていくかのように、対話もどんどん深まります。

　畑へ出向くことがかなわなくても、何らかの形で自然に触れる経験ができると、自己が解放されるのでおすすめです。きっと、組織づくりや場づくりへのヒントがもらえるはずです。

Part

4

発想を
豊かにする

いつもの思考を離れて、
自由な発言や発想をうながしたい。
そんなときには、
頭をほぐすアイスブレイクを。

Part 4 発想を豊かにする

妄想自己紹介

23

「もしも……」 から広がる アイデア

- ☑ 新人研修　☑ 管理職研修
- ☑ 異業種交流　☑ 多様性研修
- ☑ チームビルディング
- ☐ 人材育成　☑ SDGs
- ☑ 学校　☑ 地域

20分

案内人
松場 俊夫

シチュエーション	対面／オンライン
推奨人数	1グループ　4〜6人
必要なもの	特になし
部屋のレイアウト	グループごとにテーブルを囲んで座る

WORKSHOP

①　「それでは、これから出題する仮想テーマについて、グループごとに順番に発表してください。テーマは、『もしも特殊能力が使えるとしたら、どんなことをしますか？』です。例えば、『好きなときにハワイへ瞬間移動したい』でもいいですし、『地球温暖化を止めたい』でもいいでしょう。では、まず3分ほど、どんなことをしたいか自分で考えてみてください」

そのときのWSや研修のテーマに合わせた「もしも……」の仮想テーマを出題する。ファシリテーターがいくつか回答例を出すといい。例を出しすぎると、参加者がそれに引っ張られて似たような回答を出してしまうが、一方で何も例を出さないと、真面目な回答ばかりになりがち。3分ほど、それぞれ話す内容を考えてもらう時間を設ける。

テーマ例

- もしも、透明人間になったら
- もしも、宝くじで1億円当たったら
- もしも、仕事を1週間休めたら
- もしも、生まれ変わったら
- もしも、自分が政治家だったら
- もしも、自分が高校生だったら

(2) 「では、時間になりましたので、順番にグループ内で発表をしてください。1人1分ほど簡単にお話しください。どうぞ」

それぞれ順番に「もしも……」の話をしてもらう。スタートしづらそうであれば、最初の人をファシリテーターが指名し、そこから時計回りなどにしてもらってもいい。全員が回るようにファシリテーターはサポートする。

CLOSING (3) 「全員回りましたか？ グループで印象的だったものをぜひ紹介していただけますか？ 本人の了解をとってから発表してくださいね」

グループごとに面白かったものなどを紹介してもらう。ファシリテーターが発表してもらう人を選んでもいい。

ポイント

「もしもの世界の話をすると、予想外の発想や意外な意見が出てくるので、アイデア系の WS にはぴったりです。また、多様性研修の冒頭でこのアイスブレイクに取り組むと、『人はそれぞれみんな違う』ということに改めて気づけたりします。突飛なアイデアに笑いが起きたり、お互いの意外な一面を知ることができたり、発想力を楽しめるアイスブレイクです。ノリのよさそうな参加者たちであれば、自分たちでテーマを決めてもらってもいいですね」

身につくスキル

● 発想力　● 共創力　● コミュニケーション能力

うろ覚え絵画

24

日常で問われる観察力

20分

案内人
松場 俊夫

シチュエーション	対面／オンライン／大人数（50 人以上〜）
推奨人数	何人でも OK
必要なもの	紙またはボード、ペン
部屋のレイアウト	テーブルかボードなど、それぞれが絵を描ける状態に

WORKSHOP

① **「これから、みなさんがよく知っているものを絵に描いていただきます。ただし、何も見ないで描きましょう。スマホで検索したりしてはダメですよ。それでは、セブンイレブンのロゴを描いてみてください。どうぞ」**

紙とペンを配布し、ファシリテーターが指定したものを描いてもらう。「セブンイレブンのロゴ」以外にも、「アンパンマン」「ドラえもん」など、みんなが知っていると思われるキャラクターやロゴなどでもいい。

② **「みなさん描けましたか？　見せてもいいという方、ぜひ紙を掲げてみんなに見せてください。あちらこちらに"巨匠"がいますね！」**

自分が描いた絵をそれぞれ掲げてもらい、その中で面白い絵や特徴的な絵を全体に紹介して、場を盛り上げる。紹介する絵は、全体で共有していいか、本人に確認をするのを忘れずに。

③ **「それでは、正解はこれです。みなさんの記憶と合っていましたか？」**

正解のロゴを見せる。間違いやすいポイントなどを簡単に説明する。

CLOSING 4

「みなさんが毎日目にしているロゴでも、実はよく観ていなかったりするのです。この場合の『観る』とは、観察するほうです。『見る』と『観る』は違います。『見る』というのはただ視界に入ってくること、『観る』というのは意識してそこに視線を向けることを指します。普段から、相手をきちんと『観る』ことが大切ですね」

ロゴの話から、「見る」と「観る」の違いの話に発展させる。

ポイント

「管理職研修やマネジメント研修などに向いているこのアイスブレイク。数えきれないほど何度もやっていますが、実は、これまで完璧にセブンイレブンのロゴを描けた人は1人もいません（笑）。いつもセブンイレブンを利用しているのに、いかにちゃんと『観て』いないかがよくわかりますね。

『聞く』と『聴く』の違いもよく語られますが、『見る』と『観る』も異なります。毎日見ている部下やスタッフでも、実はきちんと観ることができていないかもしれません。ただ声をかけるだけでなく、よく観察し、相手は何に興味を持つのか、何をされると喜ぶのか、モチベーションスイッチがどこにあるのか、日々の観察を改めて大事にしてみると、もっと相手を理解できるようになるでしょう」

身につくスキル

● 傾聴力　● リーダーシップ　● マネジメント力

連想ゲーム

25 モノマネで殻を破って知り合おう

☑ 新人研修	☑ 管理職研修
☑ 異業種交流	☑ 多様性研修
☑ チームビルディング	
☐ 人材育成	☐ SDGs
☑ 学校	☐ 地域

30 分

案内人
広江 朋紀

シチュエーション	対面／オンライン／大人数（50 人以上〜）
推奨人数	1 チーム 4 〜 6 人程度
必要なもの	特になし
部屋のレイアウト	グループごとにテーブルを囲んで座る

WORKSHOP

1　「これからジェスチャーゲームをします。まずはグラウンドルールを共有しましょう」

基本ルールを書き出したものを貼り出したり、オンラインなら画面に映したりして、始める前にみんなで確認をする。ルールはその時々で変えたり、参加者で事前に話し合って決めても OK。

グラウンドルール例

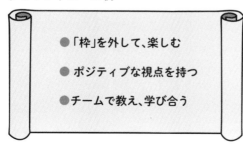

- ●「枠」を外して、楽しむ
- ● ポジティブな視点を持つ
- ● チームで教え、学び合う

2 「それでは始めましょう。チームの1人がモノマネをします。その左隣の人が、何のモノマネか当ててください。モノマネのテーマは『自分の好きなもの』です。好きな食べ物や生き物、スポーツや場所など何でもいいです。正解者が出たら、モノマネをした人が正解者を指さして大きな声で『YES！』と言い、それに続きチーム全員で『YES！』と言ってください。それでは最初の人を決めて、スタートしてください。正解が出たら、時計回りで次の人が同じようにモノマネをしてください」

最初の人をグループ内で決めてもらってもいいし、決まらなさそうであれば「名字のあいうえお順が最初の人」などとファシリテーターが決めてもいい。正解したら、モノマネした人が「YES」と言い、全体で「YES」と呼応するのを繰り返す。もし「YES」の声が小さいようだったら、みんなが少しずつ声を出せるように、ファシリテーターが盛り上げていく。できれば2周くらい繰り返す。

CLOSING
3 「いかがでしたか？ 『枠を外そう』と口で言うのは簡単ですが、実際に体を動かし、声を出すことで、心もほぐれて殻が破れてくるのではないでしょうか？ この状態で次のWSに入っていきましょう」

心がほぐれた状態で次のプログラムに入っていけるようにうながす。

〜〜〜〜〜〜〜〜〜〜〜〜〜〜〜〜〜〜〜〜〜〜〜〜〜〜〜〜〜〜〜〜〜〜

ポイント

「新規事業開発のアイデア出しなど、柔軟な発想を求める会議やWSの前に、体を動かして心の殻を破ってもらうのにいいアイスブレイクです。気恥ずかしさもあるでしょうが、その枠を外すためにファシリテーターも少し気持ちを上げて、全体がグラウンドルールに沿ってできるように盛り上げていきましょう。当たると『YES』とみんなに言ってもらえることで、肯定感も高まります。2周くらい繰り返すと気恥ずかしさも薄れて、チームで学び合う意識ができてくるでしょう」

身につくスキル
● 発想力　● コミュニケーション力　● チームワーク

9 ドット

26

頭を柔らかく難問に挑む

☐ 新人研修　☑ 管理職研修
☑ 異業種交流　☑ 多様性研修
☐ チームビルディング
☐ 人材育成　☐ SDGs
☑ 学校　☐ 地域

20分

案内人
松場 俊夫

シチュエーション	対面／オンライン／大人数（50 人以上～）
推奨人数	何人でも OK
必要なもの	9 ドットの印刷された紙を 1 人 1 セットずつ用意しておく
部屋のレイアウト	スクール形式でもアイランド形式でも OK。机など書ける台があったほうがいい

WORKSHOP

① 「みなさんの柔軟な頭で問題に挑んでいただきます。1 枚の紙に 9 つの点が並んでいます。4 本の直線を使い、一筆書きで 9 つの点すべてを通ってください。スマホで検索したり、教え合ったりするのは禁止です。では、3 分間でどうぞ」

ファシリテーターは全員に紙とペンを配り（オンラインの場合は画面上に出す）、スタートしてもらう。制限時間は 3 分程度。

9 ドットの問題

9つの点を4本の直線で一筆書きにして結んでください

● ● ●

● ● ●

● ● ●

---

2 「時間になりました。できましたか？　できた人は手を挙げてください。答えは
こちらです」

ファシリテーターは解答を見せる。

1問目の解答

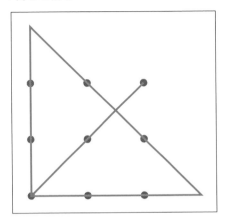

3 「では次の問題です。今度は3本の直線で、9つの点すべてを一筆書きで通って
ください。はい、どうぞ」

今度は別の紙に解いてもらう。制限時間は3分程度。

4 「時間になりました。できましたか？　できた人は手を挙げてください。答えは
こちらです」

ファシリテーターは解答を見せる。

2問目の解答

5 「では、次が最後です。9つの点を1本の直線ですべて通るように、線を引いて
ください。はい、どうぞ」

また新たな紙に解いてもらう。制限時間3分程度。

6 「時間になりました。できた人は手を挙げてください。それでは、答えはこちらです」

ファシリテーターは解答を見せる。

3問目の解答

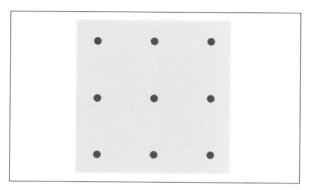

箱の外で考える

この問題は、心理学者J・P・ギルフォードが生み出した「ナイン・ドット・パズル」と呼ばれるものです。

英語圏では、"Think outside the box"という表現が非常によく使われます。箱の外で考えよう、つまり「常識や思い込み、既存の枠組みなどにとらわれず、ほかの人とは違う自由な発想をしよう」という文脈で使われる表現です。

実は、諸説あるものの、この表現はギルフォード博士のナイン・ドット・パズルに由来するとも言われています。この9ドットの箱の外へ飛び出さないと、パズルを解くことはできません。だからこそ、問題解決するためには、「箱の外で考えよう」、というわけです。

人間は思考する際、何らかの思い込みにとらわれてしまったり、自分の中で何か制限を設けてしまったりするものです。そういったものが自分の中に存在していることを改めて確認するエクササイズとして、9ドットは最適ですね。

「意外な答えだったのではないでしょうか。『線』と言われると、つい細い線を思い浮かべてしまうので、その思い込みから離れられないと、正解にたどり着けません。思い込み＝バイアスというのは、誰しも潜在的に持っています。固定観念を外して考えること、その思い込みに気づいて一歩離れて考えてみることで、新しい視点が生まれるのではないでしょうか」

問題とバイアスや思い込みとのつながりについてファシリテーターが説明する。

ポイント

「創造的な発想は、固定観念の枠の外で生まれることを体感できるアイスブレイクです。これは、思い込みに気づかせるバイアス研修や、多様性を受け入れることを学ぶ DE&I 研修などの前に向いています。また、『長く残業している人はがんばっている』『定時で帰る人はやる気がない』といった企業内の思い込みを打破するような、働き方改革や組織改革について話し合う前にも向いているでしょう」

身につくスキル

● 創造力　● 発想力　● 共創力

共創作文

27 みんなで 1つの 名作文を

☑ 新人研修　☑ 管理職研修
☐ 異業種交流　☑ 多様性研修
☑ チームビルディング
☐ 人材育成　☐ SDGs
☑ 学校　☑ 地域

50 分

案内人
広江 朋紀

シチュエーション	対面／大人数（50人以上〜）
推奨人数	1グループ5〜6人
必要なもの	記入用のシート、筆記用具、キーワードが書かれたカード一式
部屋のレイアウト	グループごとにテーブルを囲んで座る

WORKSHOP

①「全員1枚ずつ配布した紙を持ってください。これからグループで作文を共創します。いま配った紙の空いている欄に、順番に一言ずつ書き込んでいきます。書いたら、紙を次の人に回します。同じように、一言書いたら次の人に回す、というのを繰り返してください」

用紙を人数分印刷し、全員に配っておく。

②「ではまず、一番上の欄から書き入れます。自分自身が仕事をしているうえで大事にしている価値観やキーワードを、一言で書き入れてください」

最初の一言目は、自分の手元にある紙にそれぞれ書き込んでもらう。どれが自分の紙だったかわかるように、名前を書いておいてもらってもいい。

【ワークシート】共創作文　⬇ DL

③　「それでは、最初の言葉を書き入れたら、時計回りで隣の人に渡してください。
自分のところに紙が来たら、最初の言葉に続く言葉や文章を簡潔に書き入れて
ください。例えば、最初の言葉が『独創性』だとしたら、『が一番大事』『その
中でも』『毎日』などと思うままに、一言書いては次の人に回すというのを繰り
返してください。うまく文章にしようとしなくてもいいです。ただし、星マー
クのところに来たら、ストップしてください」

一言ずつ書いたら次の人に回す、という流れを繰り返していってもらう。

④　「星のマークまでたどり着きましたか？　それでは、いまからチームで１セット
ずつカードを配りますので、１人１枚ずつ引いてください。そして、自分が引い
たカードに書かれている言葉を星マークに入れてください。記入したら、これ
まで通り次の人に回していってください。ただし、いま星マークのところに書
いた言葉をうまくつなげていってください」

１チームに１セットずつ次のキーワードを書いたカードを配り、１人１枚ずつ引いても
らう。引いた言葉をいま自分の手元にある紙の星マークのところに記入する。そして記
入したら、紙を次の人に回し、また一言書いては回す、という元の流れを繰り返す。

星マークのところに入れるキーワード

もしかすると	さあ
どんどん	だから
驚くべきことに	ところが

5 「全部の欄が埋まったら、元の人に戻してください。全員の手元に自分の紙が戻ったら、それぞれ戻ってきたシートを順番に読み上げて共有してください」

全部書き終わったら本人のところにシートを戻し、それを読み上げてもらう。読み上げたらみんなで拍手し、次の人が読み上げては拍手、という流れを繰り返す。

共創作文の完成例

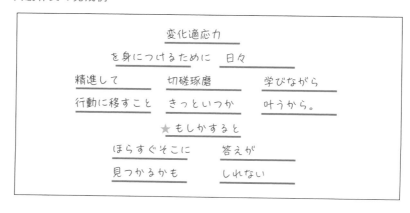

変化適応力
を身につけるために　日々
精進して　　切磋琢磨　　学びながら
行動に移すこと　きっといつか　叶うから。
★ もしかすると
ほらすぐそこに　答えが
見つかるかも　しれない

(6)「それでは、いま完成した共創作文の中から、グループの中で自分の心が動いたと思うものを1人1つ選んで指さしてみてください」

グループ内で、印象に残ったものをそれぞれ指さしてもらう。

(7)「それではグループごとにどんなものが印象深かったか、代表の方が全体に共有していただけますか？」

各グループ1人ずつ発表してもらう。グループ数が多ければ、2、3のグループを選んでもいい。

CLOSING
(8)「共創してみたことで、どんな気づきがありましたか？　何か気づきのあった方は、ぜひ共有してください」

言葉にできる人に数人発表してもらう。

ポイント

「自分の価値観を表す言葉であっても、ほかの人の視点を入れながらストーリーを紡いでいくことで、発展しながら文章やストーリーとして帰結していきます。自分だけでは考えがおよばなかったこと、見えなかった景色、得られなかった知恵に、みんながいるからこそ行き着くことができるのです。

星マークを途中に設けることで、逆説の言葉などが来てまた流れが変わり、想定外が起こる面白さが生まれます。カードを使ってストーリーの起伏を強制的、または偶発的につくり出すことで、面白い発想が生まれる仕組みになっています。

そのときのWSや研修のテーマに合わせて、1つ目の言葉を指定するなど、全員同じ言葉でスタートしてもいいですね。

こうして誕生した文章が、自分に新しい発想や価値観をくれるといって、その後も持ち歩いている方もよく見かけますよ」

身につくスキル

● **コミュニケーション力**　● **共創力**　● **チームワーク**

キーポイント読書

28

読んだ "つもり" で インプット

- ☐ 新人研修　　☐ 管理職研修
- ☑ 異業種交流　☑ 多様性研修
- ☑ チームビルディング
- ☐ 人材育成　　☐ SDGs
- ☑ 学校　　　　☐ 地域

40分

案内人
佐野 和之

シチュエーション	対面
推奨人数	1 グループ 4 人程度
必要なもの	人数分より多めの新書や絵本、メモとペン
部屋のレイアウト	グループごとにテーブルを囲んで座る

WORKSHOP

① 「それぞれのテーブルに本が置いてあります。どこのテーブルでもいいので座ってください」

ファシリテーターは事前に、各テーブルに人数分より多めの絵本や新書を置いておく。参加者は自由にテーブルを選んで座ってもらうが、1 テーブル 4 人程度になるようにする。

② 「テーブルに置かれた本の中から 1 人 1 冊選んでください。そして、これから **3 分程度で、本の表と裏、目次やまえがき、あとがきなどにざっと目を通して**いただき、どんなことが書かれている本なのかエッセンスをつかんでください。ではどうぞ」

好きな本を選んでもらって、それぞれ 3 分で目を通してもらう。ファシリテーターは時間管理をする。

③ 「時間になりました。それでは、1 人ずつ自分が選んだ本がどういう本で、どんなことを伝えようとしているのか、自分の言葉でみなさんに共有してください。実際に読んだわけではないので、推測でかまいません。それではどうぞ」

1人1、2分程度でいいので、書かれていることを順番にグループ内で共有してもらう。順番に回るようにファシリテーターはサポートする。

CLOSING
④ 「ありがとうございました。自分が選んだ本や、ほかの人の発表の中から、何か自分の中で引っ掛かる言葉や文章があれば、ぜひメモしておいてください。それを気に留めながら今日のWSに取り組んでいきましょう」
その日のWSや研修などの内容につなげたうえで終える。

ポイント

「アイスブレイクで、突然自分のことや自分の感情を話すことに抵抗を感じる人もいます。そんな場合、本を介在させることで話しやすくなりますし、本を通して言葉を紡いでもらうことができます。本は、メッセージや主張がシンプルに表現されている新書や絵本がおすすめです。WSや研修のテーマがはっきりしている場合には、それに関連する本を選んでもいいでしょう。その場合は、その日のテーマや問いに近いもの、やや角度が異なるもの、ややテーマから離れているものを選ぶようにします。また、『今日のテーマを頭に入れておき、それに関係しそうなキーワードを拾って話してください』と伝えてもいいでしょう」

身につくスキル
● 発想力　● コミュニケーション力　● 論理的思考力

"場を回す"ために必要な6つの心得

フ　ァシリテーターというと、WSや研修だけに登場するかと思われますが、さまざまな場で、ファシリテーター的なリーダーシップがこれまで以上に求められています。私はそれを"ファシリーダーシップ"と呼んでいます。

　これまでのように、上から指示を出すだけのリーダーではなく、メンバーを下から支えるように、それぞれのメンバーの力を引き出す役割が求められています。VUCA（Volatility ＝ 変動性、Uncertainty ＝ 不確実性、Complexity ＝ 複雑性、Ambiguity ＝ 曖昧性）と呼ばれる混沌とした不確定な時代の中で、どんな場でも絶対解のない問題に取り組む必要が出ています。

　リーダー1人の力ではなくメンバーの個性を活かし、それぞれの力を最大限引き出し、物事が少しでもよい方向へ運ぶようにうながすのが、ファシリテーター型リーダーシップです。

　ファシリテーターは、基本的には相手が言っていることに集中し、言葉だけでなく相手の反応、変化、間も含め、細かな部分も情報として受け取り、その人全体を受け止めることが大事です。また、ただ聴くばかりではなく、問いかける力も重要です。その問いかけが、相手の中に大小の波紋を生み出すこともあります。

聴いて、観て、問いかけ、踏み込む

　ファシリテーターの役割やあり方については、ワークショップ探検部の既刊『今日から使えるワークショップのアイデア帳』や『そのまま使えるオンラインの"場づくり"アイデア帳』でも取り上げてきましたが、私が必要だと思う力を改めて6つにまとめてみました。

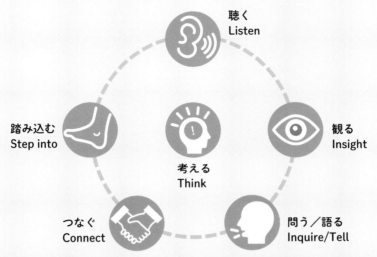

ファシリテーターに必要な 6 つの心得

聴く
Listen

踏み込む
Step into

考える
Think

観る
Insight

つなぐ
Connect

問う／語る
Inquire/Tell

※出典：広江朋紀『なぜ、あのリーダーはチームを本気にさせるのか？──内なる力を引き出す「ファシリーダーシップ」』（同文舘出版）

● 耳：聴く（Listen）

   耳で聴くことでメンバーに力を与え、相互作用を生み出すために、話す前に聴く

● 目：観る（Insight）

   さまざまな次元、角度、距離感で観ることで、行き詰まりを突破する

● 口：問う／語る（Inquire/Tell）

   問いかけ、ストーリーを語り、理屈を超え、感情を揺さぶる

● 手：手と手をつなぐ（Connect）

   境界線を超えたつながりの土壌を耕し、組織を進化させる

● 足：踏み込む（Step into）

   踏み込んだフィードバックで、本音が行き交う組織をつくる

● 頭：考える（Think）

   過去の成功体験を健全に疑い、いまここに立ち止まり、考え抜く

この中でも**特に大事なのは、「聴く」「観る」「問う」「踏み込む」の４つ**です。

　ファシリテーターは理論やロジックに走りがちですが、まずは相手の話を「聴く」こと、そして「観る」、つまり観察することが重要です。

　また、「問う」力も大切です。効果的なアイスブレイクの裏には、問いの力があります。

　巻頭の「ワークショップ探検部ミーティング01」で、松場さんが提示した問いを思い出してください。ただ、「超能力で世界を好きなように変えられるとしたら、どうしたいですか?」と問いかけるだけなら誰でもできるかもしれません。でも、松場さんはそこに「1日だけ」という制約を入れました。

　あえて、問いに「異物」を入れてみる。制約を課されるからこそ、豊かな回答が引き出せるのです。アイスブレイクには、そういった問いの力が求められます。

　最後に「踏み込む」ですが、ファシリテーターは共感を示していればよくて、場をまとめる必要はないと思っている人もいます。しかし、**時によっては話をまとめたり、脱線していたら本題に戻したりします。ただ場にゆだねるだけでなく、前に進めたり、区切りを入れたりする役割も担います。**

　ビジネスの場でも学校や地域でも、ファシリテーター的リーダーシップは今後求められていきます。ぜひ6つの心得を胸に留めて、取り組んでみてください。

Part

5

イベントを
盛り上げる

会社イベントや大人数の場で、
全体を盛り上げ、一致団結させつつ、
全員が参加している実感を持ってほしい。
そんなときに重宝するアイスブレイクをどうぞ。

Part 5　イベントを盛り上げる

ペンサークル

29

ペンを
落とさず
自在に動け

- ☑ 新人研修　　☑ 管理職研修
- ☑ 異業種交流　☑ 多様性研修
- ☑ チームビルディング
- ☐ 人材育成　　☐ SDGs
- ☑ 学校　　　　☑ 地域

20分

案内人
児浦 良裕

シチュエーション	対面／大人数（50 人以上〜）
推奨人数	1 チーム 4 〜 6 人程度
必要なもの	人数分の太めのペン（太いマーカーペンなど）
部屋のレイアウト	できれば机などのない広いスペース

WORKSHOP

① **「1 人 1 本ペンを持ち、チームで円になって内側を向いて立ってください」**

なるべく太めのペン（キャップのついたもの）を 1 人 1 本持ち、チームで輪になってもらう。

② **「では、ペンを右隣の人と 1 本、左隣の人と 1 本、協力しながら持ってもらいます。人差し指を使って、左手はペンの上、右手はペンの下を支えます。まずは持ってみてください」**

隣の人とともに、ペンの上下をそれぞれ支える。必ずペンの上と下を隣同士の人が人差し指で支えるようにする。

③ **「では、そのペンを持ったまま、チームで背中合わせの円になってみてください。ペンを落としたら、その段階でストップしてやり直してください。何回落として失敗してもいいですよ。終わったチームは手を挙げてください。ではどうぞ」**

例を示すなら、before と after の状態をそれぞれ見せる。ペンを隣の人と支えたまま、後ろ向きの円になるようにトライしてもらう。あまりにも困っているチームがあったら

104

「人の腕の間をくぐってみたら？」などヒントを出してもいいが、最初は様子を見て、自分たちで試行錯誤してもらう。

CLOSING
4 「今回早く終わったのは、○チームでした。では、どうしてうまくできたのか上位のチームに聞いてみましょう（インタビューしてみる）」

上位チームに、早くできたノウハウやコツをインタビューして共有してもらう。発表してもらったらみんなで拍手。

ポイント

「実はこれは、ペンを配るとすぐ遊び始める中学生男子を見て、発明したアイスブレイクです（笑）。隣の人と2人で1本のペンを支えるというだけでも簡単ではないのに、そのまま後ろ向きになるというと、みんな混乱します。だからこそ自然と互いに声をかけ合い、意見を出し合って協力が生まれます。また、体を動かすことで気分転換になり頭がスッキリするので、WSや研修の後半戦のスタートなどにもいいでしょう。最初はできないチームのほうが多いので、達成感を味わうよりは、何度も落として試行錯誤することを楽しんでもらうことに重きを置いてやってみましょう」

身につくスキル

● 発想力　● 共創力　● チームワーク

パタパタ伝達

30

早いリズムで音を送るチームワーク

☑ 新人研修　　☐ 管理職研修
☑ 異業種交流　☐ 多様性研修
☑ チームビルディング
☐ 人材育成　　☐ SDGs
☑ 学校　　　　☐ 地域

10分

案内人
児浦 良裕

シチュエーション	対面／大人数（50 人以上〜）
推奨人数	1 チーム 10 〜 20 人（最大 200 人でも可能）
必要なもの	特になし
部屋のレイアウト	各チームが輪になれるようなスペース

WORKSHOP

① **「ではまず、チームごとに輪になってください」**

チームごとに輪になってもらうが、机があってもなくてもいい。

② **「それではこれからスタートの合図とともに、最初の人から右手、左手の順で机（あるいは膝、床など）を 1 回ずつ叩き、それを左隣の人が続けていってください。最初の人から 1 周するまでパタパタパタ……と続け、そのタイムを競います。最後の人は自分がパタパタ叩いたら、手を挙げてください。それでは一度、練習してみましょう」**

机があれば机の上を叩き、なければ自分の膝を叩くか、地面に座って床を叩く。右手→左手の順で叩くと、自分の左隣の人がそれに続きパタパタと叩き、1 周するまで伝達していく。一度は練習でやってみてもらう。

③ **「では、1 回戦いきましょう！　最後の人は終わったらすぐ手を挙げてくださいね。では、よーいスタート！」**

各チーム一斉にスタートし、最後の人が手を挙げたのが早かったチームからファシリテーターが 1 位、2 位と順位を確認していく。

4 「ただいまの勝負は、○チームが 1 位でした（拍手）。それでは、これから**相談タイムを設けますので、どうやったらもっと早く正確にできるか相談してください**」

順位を発表し、3 分程度の相談タイムを設ける。

5 「相談タイム終わりです。それでは、2 回戦いきます。リベンジのチャンスですよ！　では、よーいスタート！」

2 回戦を行い、また順位を確認する。

CLOSING
6 「今回の勝負は、△チームが 1 位でした（拍手）。では、勝因はどんなところでしたか？」

勝者チームにインタビューし、みんなで拍手。

~~~~~~

ポイント

「チームで一体となって目標達成に向けて協力することで、チームワークを強めることのできるアイスブレイクです。また、話し合いの時間を設けることで、経験学習サイクルを実行できます（Part 6 の Q. 14 参照）。みんなで挑戦してみて、ダメだったら話し合えばいい。時間があれば 3 回戦、4 回戦と続けてもいいかもしれません。

数十人でも、200 人でもできるアイスブレイクなので、大人数の場を一気に活性化するのに最適です。学校ならクラス対抗でやると楽しいですね。もっと盛り上がりたいのであれば、それぞれ目標タイムを決めて、実際のタイムを計ってもいいでしょう。とてもシンプルなゲームですが、チームで協力したという達成感が得られ、チームビルディングなどの WS の前にぴったりなアイスブレイクです」

身につくスキル

● 共創力　　● チームワーク　　● 論理的思考力

ボードで絵しりとり

31

ノンバーバルで高まるチームワーク

☑ 新人研修　☑ 管理職研修
☑ 異業種交流　☑ 多様性研修
☑ チームビルディング
☑ 人材育成　☑ SDGs
☑ 学校　☑ 地域

10分

案内人
佐野 和之

シチュエーション	対面／オンライン
推奨人数	1グループ　4〜5人
必要なもの	ホワイトボードまたは紙、ペン
部屋のレイアウト	全員からホワイトボードが見えるように座る、またはグループで向かい合う

WORKSHOP

① 「これから絵しりとりをします。5分間で何個描けるか競争します。ただし、描いた絵について言葉で説明したり、ヒントを出したりしてはいけません。絵だけで伝えて次の人にどんどん回していってください。それではスタート！」

各グループに、ボードまたは紙を配布しておく。最初の人を決めたら、絵でしりとりを順番につなげてもらうが、言葉は発しないというのがルール。ファシリテーターは時間管理と、滞っているチームのサポートなどをする。

② 「時間になりました。何個描けましたか？　何の絵なのかお互いに当てられたのかどうか答え合わせをして、正解の数を書いてください」

描けた絵の数ではなく、きちんと意図の通り伝わった数を書いてもらう。

3 「それでは正解の数を書いた紙を掲げてください。3 位は X グループ、2 位は Y グループ、1 位は Z グループです。おめでとうございます（拍手）」

正解をみんなに見えるように掲げてもらい、順位を発表して終わる。

ポイント

「絵を描くという単純なノンバーバルコミュニケーションで、わかり合う体験ができるアイスブレイクです。これによって、言葉を超えたつながりを得ることができます。競争するという経験を通してチーム感を高めることができますが、絵を描く競争なので、負けても心の傷にはならないし、恨みがない。『鳥を描いたつもりなのに、飛行機と間違えられるなんて！』などと、笑いが起きたりもします。制限時間があることで集中し、チームメイトの物理的距離も近づいていくでしょう」

身につくスキル

● 発想力　● コミュニケーション力　● チームワーク

女王蜂と働き蜂

32

会場全体を
くまなく回り
情報収集

☑ 新人研修　　☐ 管理職研修
☑ 異業種交流　☑ 多様性研修
☑ チームビルディング
☐ 人材育成　　☐ SDGs
☐ 学校　　　　☐ 地域

40分

案内人
松場 俊夫

シチュエーション	対面／大人数（50 人以上〜）
推奨人数	1 グループ 3 〜 5 人
必要なもの	大きめの付箋などのメモ用紙とペン
部屋のレイアウト	自由に歩き回れるスペース

WORKSHOP

1 「これから各グループの中で、1 人の女王蜂を決めてもらいます。残りの人は働き蜂になります。働き蜂は、付箋とペンを持ってください。では、女王蜂を決めてください」

ファシリテーターは大きめの付箋とペンを全員に配布する。そして女王蜂と働き蜂を決めてもらう。

2 「では、女王蜂は最近知りたいと思っていること、困っていて解決したいことを 1 つ考え、働き蜂に伝えてください。働き蜂は、与えられたテーマについて、会場内を動き回って制限時間内にとにかく情報を集めてきてください。例えば、『オフィスの近くで 1000 円以内のおいしいランチが食べられるお店を知りたい』『会議が行き詰まっているが、打破できる方法を知りたい』など、何でもOK です。とにかく会場中を回って、いろいろな人に聞いてきてください。スマホで検索するのは NG です。聞いた情報は、どんどん付箋にメモしていってください。では、どうぞ」

ファシリテーターは 5 分間の時間管理。会場内を自由に動き回って、いろんな人から情報収集してもらう。

3「時間になりましたので、席に戻ってください。では、働き蜂たちは、集めてき
た情報を女王蜂に献上してください」

ファシリテーターは5分ほど時間管理し、グループ内で情報を伝えてもらう。書いてき
た付箋を渡してもいい。

4「では、今度はグループ内で女王蜂を交代してください。次の女王蜂の人は、働
き蜂に頼むお題を決めて、伝えてください。（伝えたら）それでは5分間スター
トします」

ファシリテーターは5分間の時間管理。会場内を自由に動き回って、情報を集めてもら
う。同じように全員が交代で女王蜂を体験できるまで、繰り返す。

CLOSING
5「全員が女王蜂を体験できましたか？　いまはネットの時代になり、情報はいく
らでも集められますが、それでも口コミや経験に基づく情報は貴重です。ぜひ、
ネットだけでなくこうした実際の人とのコミュニケーションや情報交換も大事
にしてください」

このアイスブレイクについてまとめて終わる。

ポイント

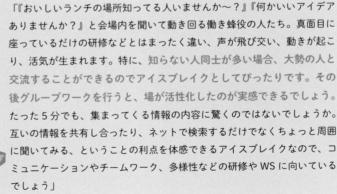

「『おいしいランチの場所知ってる人いませんか〜？』『何かいいアイデア
ありませんか？』と会場内を聞いて動き回る働き蜂役の人たち。真面目に
座っているだけの研修などとはまったく違い、声が飛び交い、動きが起こ
り、活気が生まれます。特に、知らない人同士が多い場合、大勢の人と
交流することができるのでアイスブレイクとしてぴったりです。その
後グループワークを行うと、場が活性化したのが実感できるでしょう。
たった5分でも、集まってくる情報の内容に驚くのではないでしょうか。
互いの情報を共有し合ったり、ネットで検索するだけでなくちょっと周囲
に聞いてみる、ということの利点を体感できるアイスブレイクなので、コ
ミュニケーションやチームワーク、多様性などの研修やWSに向いている
でしょう」

身につくスキル
● コミュニケーション力　● 共創力　● 社会課題解決能力

33 パステルアート

パーパスを見える景色にしよう

- [✓] 新人研修　　[✓] 管理職研修
- [ ] 異業種交流　[ ] 多様性研修
- [✓] チームビルディング
- [ ] 人材育成　　[ ] SDGs
- [ ] 学校　　　　[ ] 地域

60分

案内人
広江 朋紀

シチュエーション	対面
推奨人数	何人でも OK
必要なもの	画用紙、パステルセット×人数分、ウェットタオル
部屋のレイアウト	絵が描けるテーブルなどを用意する

WORKSHOP

1　「会社には、パーパスやミッションなど、会社として実現したい想いがあります。しかし、それは曖昧な言葉でつづられていたりするので、それぞれどう理解しているのかは少しずつ異なるかもしれません。今日は、その会社のパーパスの先にどんな景色を見たいのか、それぞれみなさんの想いを絵にしてもらいたいと思います。つい文字で表現したくなると思うのですが、今日は絵だけで、そしてできれば想いを自由に表現できるように、パステルを指で伸ばしたり手の腹を使ったりしてもらいながら描いてもらいたいと思います。会社のパーパスをどう理解するかはそれぞれ異なってかまいません。その先に見たい景色を、ぜひ描いてみてください。では、どうぞ」

ファシリテーターは全員にパステルと画用紙を配っておく。上手に描く必要はなく、それぞれが自由に「パーパスの先に見える景色」を描けるように、互いにある程度の距離をとって席を設定する。手が汚れたときのためのウェットタオルなども用意しておくといい。20分ほど時間をとって、全体を見てまだ足りなければ、また10分ほど延ばす。

2 「（全員が描き終わったら）それでは、絵の鑑賞会をしましょう。グループ内で順番に描いた絵を説明せずに見せて、周囲の人から質問をしてください。この絵を見て気になったこと、伝えたくなったこと、感じたことなどでかまいません。見ている人のほうからぜひ対話を始めてください。順番に全員が回るようにお願いします。では、始めてください」

人数が多ければグループごと、10人以下程度なら全体で絵の鑑賞会をする。描いた人は、最初は絵を見せるだけで、周囲の人が質問や感じたことを言葉にしていく。1人の絵につき3〜5分くらい対話し、全員に順番が回るようにする。

CLOSING
3 「（全員の絵の鑑賞が終わったら）いかがでしたか。<u>絵で表現したことで想いが表面化したり、さらに言葉にしたことで自分の中でクリアになったりしたこと</u>もあると思います。表現したものを再び言語化することで、さらに解像度が上がっていきますよね。では、今日はクリアになってきたパーパスの先に見たい景色を大事にして、WSにのぞんでいきましょう」

全員が発表し終わったら、ファシリテーターはこのアイスブレイクの意図などを説明し、その先のWSや研修につなげる。

〜〜〜〜〜〜〜〜〜〜〜〜〜〜〜〜〜〜〜〜〜〜〜〜〜〜〜〜〜〜〜〜〜〜

ポイント

「パーパスや教育理念、創業・建学の精神などは往々にして抽象的な言葉で表現されていて、わかったつもりになっていることがよくあります。同じ言葉でも個人によって理解の仕方や、それをどう実現したいと思っているのかが異なるはずです。言葉だとわかりづらいものをビジュアル化して共有することで、互いの想いを目で見て、言葉にして共有していくアイスブレイクです。絵が上手である必要はまったくありません。だからこそ、あえてパステルを指で伸ばすなど五感を使い、思い思いの方法で表現してもらいます。そしてそれを互いに質問し合ったり対話したりすることで、言語化していきます。理解が同じである必要はないのです。こうしてビジュアル化し、言語化することで、互いの考え方の違いも受け入れ合い、理解し合うことができるでしょう」

身につくスキル

● 創造力　● 内省力　● 発想力

佐野 和之

アイスブレイクは、フィードバックもセットにする

WS や研修の最初のアイスブレイクでよく使われるのが、「チェックイン」です。自分のいまの状態や最近気になっていることなどをテーマに、一言ずつ話してもらうことが多いのですが、「言いっぱなし」にしない「チェックイン」を行うこともあります。

人は、**自分が発した言葉がどう受け止められているのかわからないとき不安になります**。発言した後、「自分のことを話しすぎたかも」とか「ちょっと言い方を失敗したかなぁ」などと心配になったりするものです。特に、よく知らない相手の前ではなおさら不安ですよね。不安や緊張を残したままだと、場が硬直してしまいます。

初対面の人が多く集まるような場こそ、アイスブレイクは必ずフィードバックとセットにするようにしています。「初対面なので、なるべくポジティブにフィードバックしてくださいね」と伝えます。

「丁寧にいろんなことを考えているんですね」でも何でもいいんです。自分の発言を受け止めてもらえるだけで、不安は休まります。「相手はこう感じたんだな」というのが明確化するだけで、安心します。そうすると、関係性づくりのよい第一歩が踏み出せます。

何を話すかより、どう聞くか

初対面同士のチェックインのときは、私はよく「話し手は、できるだけしょぼい（取るに足らない）話をしてください」とお伝えしています。「かっこよくしなくていいですからね」と。

というのも、**重要なのは話し手の内容よりも、聞き手のあり方だからです**。聞き手には、自分がいかに「聞く」かというほうに意識を向けてもらいます。

せっかく勇気を出して話しているのに、その内容を批判したり、話の腰を折ってしまったり、そうでなくても「わかるわかる〜」などと言いながら相手の話を乗っ取ったりすると、今後の関係性づくりに打撃を与えてしまいます。

話の内容というのは、実はそこまで大事ではないんですよね。

私はよく生徒たちに、**「目の前の人がうまく話せていないなと思ったら、聞き手の人がしっかり受け止められていないからだと自覚してください」**と話します。聞き手のレベルが高ければ、話は引き出せるものです。

初対面同士だけでなく、会社で上下関係のあるメンバーが集まる場でも同じことが言えるでしょう。

本書の中にも、松場さんが紹介された「お地蔵さんと菩薩さま（ IB15 ）」というアイスブレイクがありますが、聞き手は菩薩さまや聖母マリアのようなイメージでいるといいですよね。話を聞くだけで相手に元気になってもらうような感覚で、ぜひ話を聞いてあげてください。

Part

6

Q & A

チェックインや順番決めなどの
具体的なテクニックから、
場面別のアイスブレイクの注意点まで、
ワークショップ探検部がお答えします！

Q.1 よく使う
チェックインを教えて！

A. 目的に応じて、さまざまなテーマの
チェックインが可能！

チェックインは、お題を決めて参加者に順番に話してもらうことで、スムーズに
場に入っていくことをうながすもの。目的や意図することに応じて、さまざま
なテーマを設定することができます。

相互理解を深め、対話にいざなう＞広江 朋紀

● 「いま頭の中にある気がかりなことを出してみましょう」
　→「話す」は「離す」に通じるため、あえて気がかりなことを場に出すことで、肩
　　の荷を下ろした状態で対話にいざなうときに。

● 「いま無性に好きなもの、気に入っているものを共有しましょう」
　→好きなものを共有するとお互いの価値観を理解することに通じるため、お互いの
　　新しい一面に気づき相互理解を深めたいときに。

● 「今日もしも信じられないような奇跡が起こったら、この場をどんな
　場にしたいですか？」
　→対話の場で、参加者に自分たちが持っている可能性に気づいてほしいとき。

● 自分の名前や名字を使って、「頭文字自己紹介」をしてもらう。
　→例えば、「日本全国、『広』しと言えど、東京は『江』戸川区に住んでおります。
　　広江と言います」など。新しい切り口で自己紹介してもらいたいときに。

各種研修のテーマに合わせて設定を＞松場 俊夫

● 「マネジメントで困っていることは？」
　→管理職研修の冒頭で使うと、参加者が直面している悩みがわかったり、研修内容

には関係のないことであっても、お互いに情報交換することで解決したりします。

● 「これまでに経験した最高のチームは？」
　→チームビルディングを行うときに、ポジティブな雰囲気でスタートすることができます。

● 「自分が考える最高のリーダーと最悪のリーダーは？」
　→最高のリーダーだけでなく、最悪のリーダーからも学べることが多いので、リーダーシップ研修でよく使います。

● 「自分がマイノリティ（少数派）だと思うことは？」
　→自分がマイノリティであることを意識することで、多様性を受容できることもあり、DE & I研修で使います。

「いまの自分の状態」に加えて一言を＞佐野 和之

● 「苦手なものと言えば？」
　→それぞれの弱点の共有がプチ安心感につながり、意見が出しやすい雰囲気に。完璧そうな人がいるときほど、そんな弱点があったなんて、と親近感を持ちやすくなります。

● 「夏休み（冬休み、GWなど）で一番印象に残っているできごとは？」
　→久しぶりに再会する最初の授業や会議、ミーティング時の冒頭に使うことで、自分の体験の振り返りと仲間の体験からの学びが起こりやすくなります。

● 「最近感動したのはどんなこと？」
　→それぞれの感動体験の共有が場を暖かい雰囲気にし、仲間の大切な価値観を知ることができます。

場の雰囲気をつくる＞白土 詠胡

● 「自分を○○に例えると？　その心は？」
　→比喩の力を借ります。自分を客観視して、その人らしさが出るエピソードも聞けます。親しいメンバーですでに打ち解けすぎているときなども、思考に意識を向けられるので効果的です。

● 「推しを推してください」
　→好きなものを語る力は絶大。意外な一面が見られるし、不思議とエネルギーをも

らえます。周囲の方は、推しの魅力を語るその方をただ味わってください。次の
方に移るときは「ごちそうさまでした」で締めくくると、場が和みます。

● 「最高の朝について教えてください」
→最高の朝は、「始まり」に通じるものがあり、想像するだけで気分が上がります。
グループでお話しするだけでも、互いに打ち解けてリラックスした雰囲気が高ま
りますが、ファシリテーターが全体に対して、「いまお話しいただいた最高の朝
が100点だとすると、今朝は何点ですか?」と投げかけると、場の雰囲気が変
わります。テーマにひもづけて進行することもできます。

合宿の朝一番に行うチェックイン>児浦 良裕

● 「今日ひそかにたくらんでいることは?」
→さまざまな視点や行動目標が共有できて、一定の効果が出ます。

● 「今日の気持ちを漢字1文字で表すと?」
→漢字1文字、という制約条件によって、ユニークな回答が共有できます。

● 「今日1日、ほかの誰か(有名人でもOK)になれるとしたら、誰にな
り何をしますか?」
→心の中にある願望が見えて、面白いです。

● 「(合宿中盤に)今日一番食べたいものは?」
→その土地ならではの郷土料理が挙がるなど、食べ物の話題は誰もがとっつきやす
く、盛り上がります。海外で「かき氷を食べたい」という学生がいた場合に、
「お腹を壊すので氷を食べるな」と注意もできます(笑)。

● 「(合宿終盤に)いま一番会いたい人は?」
→日常が恋しくなって、友人やペットの名前が挙がったりして、盛り上がります。
または、フィールドワークでヒアリングできていない人が挙がるなど、タスクを
確認する効果もあります。

回答者
全　員

Q.2 楽しく順番決めする 方法を教えて！

A. 誰も傷つかず、場が温まる順番決めを。

参加者同士で対話や共有をしてもらう際には、誰から話を始めるかを決めてあげることも有効です。特に、**まだ場ができあがっていないのに参加者に順番決めをゆだねると、互いに譲り合ってしまい気まずい間が生まれ、話しづらくなってしまう**こともよくあります。

　以下に紹介する順番決めの小技は、いずれも1人目の発表者を決めるものです。最初の1人さえ決まれば、あとはその人を基点に時計回りで進めてもらえばOKです。

- 今日、最も遠いところから来た人
- 誕生日順（今日を境に一番早く誕生日が来る人）
- 靴の色が最も明るい人
- グループの中で一番早く席に着いていた人
- ペットボトルに残っている水の量が一番少ない人
- 今日の起床時刻が一番早かった人（遅かった人）
- 昨夜の就寝時間が一番早かった人（遅かった人）
- 携帯の下1桁が一番若い人
- Zoomの背景が一番明るい人

　順番決めでやってはいけないのは、「髪の毛の長い人順」や「年齢の若い順」、「肌の色が黒い順」など、センシティブなところに触れてしまうことです。

　そういった点に気をつけつつ順番決めを行い、グループ内でのチェックインから対話を進め、場全体のエネルギーを高めていきましょう。

回答者
広江 朋紀

Q.3 オンラインではなく 対面だからこそできることは?

A. 一緒だからこそ失敗を共有する体験を!

いまは、オンラインでの会議や研修も当たり前になり、便利なツールもたくさんあるので、「対面でなくてもオンラインでいいじゃないか」という人もいるかもしれません。確かに、オンラインは便利です。

ただ、信頼関係が築けていないとき、オンラインでは相互交流がしにくく、なかなか熱が伝わりにくいですし、雑談も生まれにくい。そして、画面の前だけなのでとりつくろうこともできます。なかなかダメな自分をさらけ出すことができません。上はジャケットを着ていても、下はハーフパンツ……なんていうことだって、バレませんよね（笑）。背景も自由に変えられます。お互いの休憩時間もよくわからないし、画面上で愚痴ることもないでしょう。そのために互いに距離が生まれてしまったり、壁ができてしまったりすることもあります。

やはり対面で人と人が会うからこそ大事にしたいこともあります。それは、失敗をすること。失敗することをみんなで体験してほしいと思います。

私は農業をしていて、畑で企業向けのWSを行うこともあります。畑だからこそ土や野菜の香り、温かさや感触、空気を共有でき、そしてみんなで達成したという共有体験が生まれます。土に足をとられたり、うまく野菜が収穫できなかったりなど、畑では表面をとりつくろうことのできない失敗も生まれますが、みんなで笑って共有できる体験と時間が生まれます。

一緒に失敗する。それを助け合い、認め笑い合えることで、次の失敗も怖くなくなります。「失敗していいんだ」「思った通りやってみればいいや」と思える安心安全の場ができていくのです。

　また、**食べ物を一緒に食べるというのも、とてもシンプルかつインパクトの強い共有体験です。肩書きや役職関係なく、同じものをみんなで味わう。「同じ釜の飯を食う」という言葉が日本にはありますが、食べ物の前ではみんなフラットな関係です。**やはり一緒に何かを味わうというのは、共有したという実感が湧き、心の壁が崩れやすいのです。

　いまは、飲み会文化は消えつつあるかもしれませんが、そういう意味では飲み会で共有していたものもあるのかもしれないですね。

　一緒に食べる、農作業をする、といったフィジカルな体験は対面だからこそできる共有体験ですので、おすすめです。ほかにもみんなでボウリングに行ったり、何かを一緒に組み立てたり、みんなが失敗しながら楽しめる体を使ったコミュニケーションを楽しんでみてください。

回答者
白土 詠胡

Q.4 沈黙が訪れたとき、どうすればいい？

A. 沈黙は悪ではない。沈黙を恐れないで。

フ ァシリテートの初心者の方だと、会場が盛り上がっていないと不安になりますよね。つい焦って、沈黙を埋めようとしてしまうものです。

しかし、いつもワイワイと盛り上がっている必要はないのです。黙っているからといって参加していないとは言えませんし、機嫌が悪いとも限らないでしょう。深い思考に入っているのかもしれないし、その空気感を楽しんでいるのかもしれません。

沈黙は、一人ひとりが自分と対話している時間。
声に出ていなくても、その人の中では言葉が飛び交っていたりします。それぞれ自分自身と対話しているときだから、ほかの参加者にも自分がどんな想いなのか考える豊かな時間にしてもらってもいいでしょう。

ファシリテーターも焦らず、「今日はみんな穏やかな日ですね」なんて言いながら、ふっと視線を外に移すことをうながしてみたり、ゆったりと歩いてみたり、その沈黙を否定しない穏やかな空気を醸成できるといいですね。

回答者
佐野 和之

Q.5 雰囲気が盛り下がってきた！どうしよう？

A. 集中力が切れているので、無理せず早めに終えてみては？

Q.4 でも回答していますが、最初にお伝えしておきたいのは、**WS はいつも盛り上がっていなくても大丈夫**ということです。会場が静かだとファシリテーターとしては不安になってしまうかもしれませんが、言葉や態度に表れていなくても、その場の学びを受け入れている人たちもいます。ですので、参加者全員がワイワイ盛り上がっている必要はないのです。

とはいえ、マイナスな雰囲気になってしまったり、やる気がない空気が流れてしまったりしているのは困りますよね。実は、盛り下がっているときは、その場が長時間におよび、参加者の集中力が切れてしまっていることが多いのです。

そんなときに、確実に盛り下がりを解消できるシンプルな方法があります。

それは、**終了時刻を早めること！**

「時間は長さではなく濃さなので、思い切って早く終わらせましょう」と言うと、みなさんパッと目が覚めるんです（笑）。

「そのためにはみなさんのご協力も必要なので、次のワークはぜひ積極的に参加してくださいね」と言ってみてもいいですね。

念のため、少し早く終わらせる可能性もあることについて、事前に担当者へ確認をとっておくのはマストです。その際には、やるべき内容は時間内にきちんとカバーされることも説明しておきましょう。

たった5分早く終わらせるのでも、参加者の気持ちは変わるものです。

また、**体を動かして少し空気を変えるのもいい**でしょう。

「みなさん、だいぶ疲れてきましたよね。ちょっとストレッチでもしましょう」と体を解きほぐすこともあります。

さらに、**チェックアウト（終わる前に感想などを共有すること）をせずに、後日ア**
ンケートに記入してもらうという方法をとって、時間を短縮することもあります。
「今回の WS に参加して発見などもあったと思うので、ご自身の中で整理してウェブ
アンケートに書いておいてください。その代わり、今日は早く終えますね」とまとめ
たこともあります。

　参加者の気持ちが下がって「早く終えて帰りたい」という思いで頭がいっぱいのと
きに、その日を振り返ってもよい効果は得られません。そんなときには、後日書いて
もらうことで、むしろ参加者がより深くリフレクションできることもあるので、参加
者の様子をよく観察して決めるといいですね。

回答者
広江 朋紀

Q.6 場を盛り下げないための 注意点とは？

A. ネガティブな言葉を使わず、 特定の人をいじらない。

フ ァシリテーターとしてまず気をつけているのは、ネガティブな言葉を使わない ようにすることです。

ファシリテーターの言葉は、焚き火のようなものだと思っています。時に火が燃え るような、時に火を絶やさないような言葉を意識的に使いたいものです。

「それってダメですよね」「そういうアイデアってほかの会社もやっていますよね」 といった言葉は、むしろ水を注ぐようなもの。水を注いでしまうと、火は弱まってし まいます。

誰かのコメントに対して、温度を下げてしまうような言葉は使わないようにしてい ます。

参加者からネガティブな言葉が出たとしても、「よかったですね！」と言ってみる。 「その想いを声にしてくれたおかげで、○○さんだけの問題ではなく、全体の問題と して一緒に取り組むことができますね！」「むしろ、伸びしろがあるということです よね！」と言うこともあります。

ファシリテーターが自分の中で、「盛り下がってきたな」とか「この状況はまずい ぞ」など、その状況に "ラベル" をつけないようにしています。「こんな意見が出る のはよくない」とファシリテーターが思ってしまうと、全体に影響します。

マイナスな言葉が出ても、その場に対しての提案だと思えばいいのです。何かが変 わるきっかけになるかもしれません。起こっていることは、"必然" として受け止め ます。そうすると、好奇心を持ってその状況に向き合うことができます。

参加者をプラスにとらえ、火が燃えていくような言葉を考えていきたいですよね。

私はファシリテーターとして、「いいことしか起きない」と信じ込むようにしてい ます。マイナスな言葉を個人攻撃として受け止めてしまわないこと、そしてファシリ

テーターが「この状況はヤバい」などとジャッジをしてしまわないこと。「みんなが集まって話しているのだから、いいことしか起きないはず」と思い込むと、おのずといい方向に動いていくものです。

そして、**相手の言葉を使うこと。自分の言葉に置き換えてしまったり、自分の方向に話を持っていったりしないこと**です。誰しも、自分の話を聞いてほしいもの。それを言い換えられたり逸らされたりしたら、いい気分にはなりません。

もう1つ気をつけているのは、**特定の人をいじり続けないこと**です。

WSの最初のアイスブレイクのときに、その日の参加者の状態やバランスを見るようにしています。場の雰囲気を盛り上げてくれるようなポジティブな人もチェックして、ここぞというときに話を振ってみたりすることもありますが、その人にばかり偏らないようにします。

特定の人にばかり話を振らず、**全員とフラットに向き合う、関わるのがファシリテーターの重要な役割です。誰かを笑いのネタにしたり、揚げ足をとったりすることもしません**。

稀に、社長などその会社や研修のキーパーソンがその場に参加している際、その存在を活用させてもらうことはあります。これを"オーソライズする"と呼びますが、「今日は、困ることがあったら助けてくださいね。ときどき声をかけますから」と、最初から全員の前で本人に念を押しておきます。社長やキーパーソンも、どんな立ち位置で参加したらいいか迷われていることが多いので、その方のためにもなります。

そういった存在がいたとしても、**安心安全の場をつくっていくのはファシリテーターなので、きちんと場をホールドしていく意識を持ち続けましょう**。

回答者
白土 詠胡

Q.7 参加に後ろ向きの参加者を一瞬で前のめりにするには？

A. 参加者に"WHY"の部分をしっかり伝える。

特に社会人の研修は、管理職研修や◯年目研修など、自分から進んで受けるというよりも、会社から言われて仕方なく参加する人が多数です。後ろ向きなのは、もはやデフォルト（基本）と言えるでしょう。

しかし、その後ろ向きの気分をひきずっている人がいると、全体の士気が下がります。その人の気持ちを無理に前向きにすることはできなくても、マイナスだった感情をまずはゼロのスタート地点へと持ってくるようにしてみましょう。

モチベーションが上がるためには、「目標の魅力」、「達成可能性」、「危機感」という3つの要素のかけ合わせが重要です。

モチベーションの公式

※出典：リンクアンドモチベーションが定義している公式

目指したいと思える目標、ほどよい達成の可能性、これをやらないとまずいと思われるような適度な緊張感や危機感、という3つですが、このどれかが薄れてしまうとモチベーションも下がってきます。

WSも、そのワークや研修の意図がきちんと伝わっていないと、有益な研修やWSはできませんし、効果を得ることはできません。WSによっては、あえて意図を隠して始めることで盛り上がるものもありますが、たいていの場合は、最初にきちんとこの研修やWSの意図を理解してもらうことが重要です。

参加者にとってどんな目的があり、どんなメリットが生まれる可能性があるのか、

この対話のアウトカムや達成点を見せておくことで、マイナスの状態をゼロにし、フラットなスタートを切ることができるでしょう。

　ファシリテーターからなかなか伝えづらいことがあるとすれば、参加者に感じてほしい危機感の部分です。

　「これをやらないと困りますよ」とか「チームが存続しませんよ」という部分をファシリテーターが脅しのように伝えてしまっては、参加者とファシリテーターに上下関係が生じてしまいますし、安心安全の場が築けません。

　そんなときには、その場のオーナー、例えば社長や部長などその組織の上の方に、「この課題に、いま向き合わなくていつ向き合うのだ！　いまこそ変わるときだ」などと伝えてもらうのもいいですね。

回答者
広江 朋紀

Q.8 ざわついて WS を始める 雰囲気ではないときは？

A. 優しい音色や深呼吸で、WS 前に短い瞑想タイムを。

学 校で WS をするとき、休み時間後の時間帯だったりすると、外でワイワイ遊んだままの雰囲気をひきずっていることがよくあります。大人でも、仕事でダメ出しをされたり、何か嫌なことがあったりすると、気持ちがわさわさしたままミーティングに出てしまうことってありますよね。

WS の最初に「いまの気持ちを一言で話してみましょう」というチェックインがよくありますが、そう言われても、マイナスな気持ちを言葉に出せないこともある。

そんなときは、私は「おりん」を使います。座って目を閉じてもらい、「リーン」と鳴らして 1 分間静かな時間を過ごします。瞑想ですね。

血液が全身を巡るのに約1分間かかると言われています。その1分間を静かに待ち、わさわさしている血流が落ち着くように、切り替えのための時間ととらえ、ゆっくりと呼吸をします。

　「呼吸に意識を向け、息が"入っている""出ている"ことだけに意識を向けてみましょう。もし違うことが頭に浮かんだり、気が散ってしまったりしたら、また呼吸へと意識を戻せば大丈夫」と伝えます。

　そして1分経ったら「リーン」と再びおりんを鳴らし、ゆっくりと"いま"へと戻ってきてもらいます。

　おりんは、音色が気に入って使っていますが、ほかのものでも何もなくても大丈夫です。ただ、その音色が静かな気持ちへの誘導になり、生徒たちも気に入ってくれているようです。いまや、私がおりんを使うのを忘れると、「先生、おりん鳴らして」と言ってくるほどです。

　時には、こうして**それぞれが自分と向き合って、自分の気持ちを溶かすアイスブレイクも大事です。緊張したり落ち込んだりしている気持ちをゆっくりと溶かしていきましょう**。

回答者
佐野 和之

Q.9 参加者が悪ふざけを始めた！どうすればいい?

A. 人を傷つける行為はすぐにストップを。

アイスブレイクの目的はお互いを知ることなので、多少のルールブレイク（破り）は目をつぶっています。チーム対抗などの場合、自分たちが早く勝ちたい、ゴールしたいがために、少しでもうまくやってやろうと思う人も出てきます。それが笑えるようなことで、目的に反していなければ、目くじらを立てなくてもいいでしょう。

教師や管理職など、普段からリーダー的な立場にある人が、生徒や部下などを相手にファシリテートする場合、ついコントロールしなければという気持ちになってしまうことがあるでしょう。しかし、**あまりに厳しくしすぎると、本来の目的を達成できずに互いの信頼関係づくりができなくなってしまいます。ルールを徹底するよりは、目的に即して進んでいるのかに目を向けてみてください。**

しかし、参加者がルールの抜け道を悪用していて、WSの進行を妨げたり、効果を損なったりするなら、「ちょっとストップしてください。そもそもこのアイスブレイクは何のためにやっているんでしょう？」と最初の目的を思い出してもらう。

特に、**ファシリテーターが気をつけないといけないのは、他の人を傷つけてしまうような行為。それはすぐにストップします。**

例えば、「ニックネームを決めましょう」と言っているのに、ほかの人の名前を自分の名前に使ってみたり、外見を揶揄するような言葉を使ったり。チームワークが必要なのに、誰かを仲間外れにしたり、ほかの人の落ち度を責めたり。**ほかの人を傷つける行為は見逃さず、すぐに対応しましょう。**

「これはみなさんが互いのことを知ったり、仲よくなったりすることを目的にやっています。ルール違反してまで勝ったり、人を傷つけたりしてまで笑いをとる必要はありません」と話をしてもいいと思います。

回答者
児浦 良裕

Q.10 面談や1on1の アイスブレイクは？

A. 自己開示から始めよう。

1on1や面談は、多くの場合は密室のような状態で、上司と部下などで2人きりで行うため、どうしても緊張感が出てしまうと思います。いまはハラスメントなどにも注意が必要な時代なので、場の雰囲気を和ませようとするあまりに最初からプライベートなことを聞いてしまったり、うかつなことを口にしてしまったりすると、かえって問題が起きることもあります。上司が部下に、「髪切った？」「週末、何してたの？」と聞くだけで、問題視される場合もある時代です。

大事なのは、普段から信頼関係が築けているかどうか。相手の興味関心ごとを理解しておくこと、面談などの場にのぞむ前からざっくばらんに話が聞ける関係を構築しておくことは、大前提なのです。それを踏まえたうえで、こうした一対一の場面で効果的なアイスブレイクについてお話ししましょう。

上司と部下のように、すでに互いに知っている関係であるならば、前述のように普段からの信頼関係が大きく影響しますが、まずは、最初から仕事の話を聞かないことが鉄則です。

特に、1on1のように評価面談とは異なる機会ならば、「あの仕事どうなっているんだっけ？」と始めてしまった途端に、その場は上司から部下への問い詰めのような雰囲気になってしまいます。上司側にそのつもりはなくても、部下側にしてみれば一気に上下関係が浮かび上がってしまいます。

基本的に1on1は、互いの関係をつくるための時間。上司が聞きたいことを尋ねる場ではなく、部下の心を開いてもらうための場なので、部下に話したいことを話してもらうのが何よりも大切です。

まずは仕事以外の話を振るか、上司側から自己開示をしてみるといいですね。

「この週末は晴れてたからハイキングに行ってみたんだよね。自然の中で過ごすと気持ちよかったよ」といった話から始めてもいいかもしれません。しかし独演会では

ないので、そのまま延々と自分の話にならないように気をつけましょう。「自分はこうだった、ではあなたは？」という流れなら自然です。

　　よく知っている関係であってもそうでなくても、初回の1on1は自己紹介をしてもらうほうがいい、とも言われています。すでに付き合いが長くても、意外と知らないこともあるはずです。趣味や家族、仕事の経歴など、その人の興味関心ごとを聞くことができます。

　そこで相手が話してくれた範囲のことなら、今後も聞いてもよいとわかりますし、逆にプライベートなことをあまり話したがらないのなら、それは触れてほしくないということも把握できます。その際にも、**相手への関心と観察が鍵**になっていきます。

　アイスブレイクという言葉が一般的になっているからこそ、天気やスポーツなど、あえてベタなアイスブレイクトークをしてもいいですね。完璧なアイスブレイクを事前に考えておかなくては、などと気負う必要はありません。

　私は普段、「アイスブレイク」と言葉にして行うことはないですが、緊張をほぐすために「アイスブレイクに趣味の話をしようか」とあえて言葉にしてもいいかもしれないですね。「この前のワールドカップ、盛り上がってたよね」と最近の話題を出してきてもいい。

　いずれにしても、相手が話しやすい空間をつくるためのスタートですから、場の雰囲気をほぐす話題から始められるといいですね。

回答者
松場 俊夫

Q.11 偉い人との緊張する対面、アイスブレイクは使える？

A. 相手のことを少し調べ、自分の想いとともに伝えてみる。

　んな人と会うときでも、大事にしているのは"共感の接点"をいかにつくれるかです。相手が社長や著名な方であれば、その会社や本人の情報を少しでも調べていくようにしています。

　いまはネットの時代。多くのトップリーダーたちがSNSや企業サイトなどでメッセージを発信しています。そうしたメッセージやその会社の商品を調べ、「なるほど」「素敵だな」と感じたことや、それがいかに自分の生活や人生と関わっているか、役立っているかなどをお伝えしたりします。

　とあるビール会社の社長さんにお会いしたとき、「自分も飲んだことがあります」と言うだけではおそらく印象に残らないので、私自身の人生でそのビールが登場した場面についてお話をしました。妻と結婚する前の挨拶のため、実家へ挨拶に行ったとき、緊張していた私に義父が出してくれたビールだった、と。だから忘れられないと伝えました。

　すると、「人生の大事なワンシーンに使ってくれてありがとう！」と社長は握手をして喜んでくださいました。初めてお会いしたにもかかわらず、最初の1、2分のトークがアイスブレイクとなり、その後の会議はスムーズにいったのです。

　もちろん、話を誇張することやつくり上げることは必要ありません。自分の人生、体験、生活と相手の言葉や商品を結びつけて考えてみて、それを真摯にお伝えする。それだけでもアイスブレイクになり、一気に打ち解けることがあります。

　アイスブレイクがうまくいけば、信頼関係の構築につながります。そして、信頼基盤ができれば、さらに踏み込んだ話ができるようになっていきます。

回答者
広江 朋紀

Q.12 お堅い雰囲気の場でアイスブレイクを使うには？

A. 傾聴ワークなどで、まずはフラットに聴く姿勢をつくる。

役員や管理職向けの研修などだと、雰囲気が堅いときがありますよね。ファシリテーターとして部屋に入ったら、嫌々参加させられているお偉いさんたちが、「お手並み拝見」とばかりにふんぞり返っている……なんていうことも。

そんなとき、まずは自己紹介を兼ねて、こんな風に切り出してみます。

「先日、ある企業の管理職研修にうかがったんです。今回参加してくださっているみなさんはこうして耳を傾けてくださっていますが、管理職の方々の中には、話を聞くのが苦手な人がいるのだとそのとき気づかされました。**今日のみなさんは傾聴できているのでこんな WS はいらないかもしれませんが、お隣の人とちょっと話すところから始めてみませんか？**」などと、**褒めながら傾聴ワークなどをスタート**します。「みなさんは聞いてくださるのが上手なので……」と言うとその時点で、たいていそれまでふんぞり返っていた方々の背筋がパッと伸び、態度が変わります（笑）。

傾聴ワークでは、「最近困った話」などをテーマに、ペアで話し手と聞き手を交代しつつ、「うなずきや相づちだけで相手の悩みを受け止めてあげてください」と伝えます。この本で紹介している IB15 「お地蔵さんと菩薩さま」も同様の傾聴ワークですね。

このときにも「みなさんはアドバイスがお上手だと思いますが、聞くだけで相手の悩みを解消しちゃうくらいの感じでお願いしたいです！」と伝えます。

一方、研修ではなく会議などの場合、今日は意見を広く募りたいのか、あるいはファクトベースで進めて意思決定までたどり着きたいのか、**何を重視してもらいたいのかを会議のスタート時に明確にすると前向きに参加しやすくなります。** IB16 の「4ポジション対話」で紹介したように、それぞれの役割をあらかじめ割り振るのも、お堅い雰囲気を打破するのに有効です。

回答者
佐野 和之

Q.13　大人数の会社イベント、注意点は？

A.　なるべく最初にみんなが声を出す経験をしてもらう。

会社のイベントとなると、大人数の参加が予想されます。すると、せっかく参加しても、多くの人が声を発さないまま終わってしまうこともあります。

　人は、声を出すと自分がその場に参加したという実感が高まるので、できるだけ全員が話す機会を持ちたいですね。となると、全体を複数のグループに分ける必要があるかもしれません。

　ファシリテーターとして、グループのサイズをどう設計するかは大事なことです。参加者にとって、何も言葉を発さず聞いているだけの状態は、長くても30分程度が限度です。30分以内でできるアイスブレイクで、できるだけ全員に声を出してもらいたいとなると、おのずと1グループの人数の上限が見えてきます。話してもらうのが1人1分程度でも、1グループ20〜30人いれば20〜30分はかかってしまう。参加者が30人以上いるなら、複数のグループに分けたほうがいいですね。

　また、大人数だと空間のつくり方も重要です。人数にもよりますが、サークル形式で輪になって向かい合ったり、椅子や机を動かしたり外したりしてみてもいいと思います。

　前に向かって机が整然と並んでいるスクール形式は、参加者が受け身になってかしこまってしまい、一番盛り上がりづらい形です。

　スペースや人数の関係で、どうしても机などを動かせないのであれば、最初のアイスブレイクだけでも立ち上がって体を動かすものなどにしてみても効果的かと思います。体を動かすことで心理的な壁もとれやすくなります。

　また、会社のイベントでさまざまな役職の人が参加するときには、できるだけ肩書きを気にしないで進められることが、その後のWSにも影響します。だからこそ、最初に「呼んでほしいニックネームを自分で発表する」などのアイスブレイクをとり

入れてもいいでしょう。**肩書きで呼んでしまうと一気に壁ができるので、最初にそれを取り払い**ます。

　以前、柔道の選手たちとワークをした際には、体の大きい人が不利になるワークをしました。柔道では重量級のほうが格上という雰囲気があるので、それを最初に壊すためです。役職が上、声が大きい、体が大きい、年次が上、といったことで有利になってしまわないよう、**その後の WS に向けて安心安全な場づくりをするためにも、そうした上下関係を壊すアイスブレイクが最初にできるといい**ですね。

さまざまな形のレイアウト

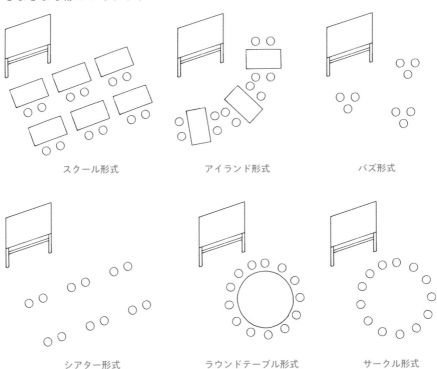

スクール形式　　　　　　アイランド形式　　　　　　バズ形式

シアター形式　　　ラウンドテーブル形式　　　サークル形式

回 答 者
松場 俊夫

Q.14 「学び」の前に効果的な アイスブレイクとは？

A. 経験学習サイクルや学びのポイントと 重なるものがおすすめ。

ア イスブレイクは楽しければ何でもいいわけではありません。**その後に続く研修 や WS などへの導入となっていれば、さらなる相乗効果を生みます。**アイスブレイクの後に「学び」を重視した研修を行うのなら、次の 2 つを意識してみましょう。

1. 学びのポイントや伝えたいことと、アイスブレイクの内容を連動させる。
2. 経験学習サイクルを理解できるアイスブレイクをとり入れてみる。

デービッド・コルブ※の経験学習サイクル

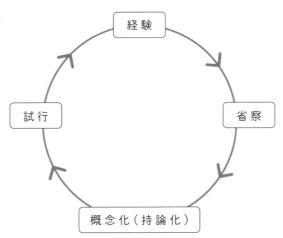

※米国の組織行動学者デービッド・コルブの経験学習モデルによると、学習するためには、知識を受動的に吸収 するのではなく、自分の経験から能動的に学びを導き出すべきだという。

経験学習サイクルについては、それを実際に解説する前に、アイスブレイクでまず体験してもらい、今日学ぶことの意義や効果を感じてもらうのがベストです。「まず体感する」→「その後に振り返る」というプロセスが経験できるアイスブレイクをすることで、五感を通して体に残ります。

　例えば、ワークショップ探検部の１作目『今日から使えるワークショップのアイデア帳』では、「サークルトス」という、体を使って経験学習サイクルを実感できるWS を紹介しています。

　経験したことは残ります。ボールをつかんだ感触やボールを投げた感覚など、頭だけでなく体感と結びつけることで、「経験→省察→概念化→試行（→最初に戻る）」という経験学習のプロセスを実感でき、よいスタートが切れます。

　さらに、こうした体を使ったアイスブレイクによって緊張がほぐれて学ぶ姿勢になっていきます。ここから何が学べるのか興味関心を向け、ワクワクする感情をつくり出せます。これから先が学びだからこそ、最初に体を使うアイスブレイクはおすすめです。

　また、管理職研修などでは、最初に「いまマネジメントで困っていること」などをアイスブレイクで発表してもらうこともあります。付箋に書いてもらい、その後も壁やボードに貼っておいて、研修中の話題で触れていきます。そうすると、今日の研修を通して、全員の悩みの最大公約数的な解決策を提示されるのではなく、自分の個人的な悩みを解決できそう、という期待を持ってもらえたりします。

　「あなたが個人的に学びたいと思っていることは？」「今日のセミナーから持って帰りたい学びは？」といったテーマで、最初にアイスブレイクとして自己紹介してもらうのもいいですね。それを明確にしておくのと、なんとなくその日のプログラムをこなすのでは、効果がまったく違います。より主体的に、前のめりになって参加してもらえるはずです。

回答者
松場 俊夫

Q.15 多感な年齢の子が対象の WS、注意点は？

A. 話すのが苦手な子に無理強いをしない。 聞き手の姿勢から共有を。

学校などでも WS に参加する機会が増え、中高生はむしろ大人より抵抗なく WS に取り組めたりします。しかし、やはり他者の目が気になったり、自分に自信が持てなかったり、最初から好きなように想いを言える子は多くありません。

大事なのは、WS が苦手な子に対して、よけい苦手に思わせないこと。無理強いをしたり、ダメ出ししたりすると、二度と WS で発言しなくなってしまうかもしれません。

「話す人は、声が小さくても話し方がうまくなくても、何でもいいよ。話す側がうまく話せないのは話し手の問題ではなく、聞き手の問題だから」とよく生徒たちに話します。「本当に受け止めてくれる人がいたら、うまく話せるようになってくるよ。うまく話せないときにどう聞くかが、聞き手に問われているから、聞く姿勢を大事にしていこうね」と伝えます。

聞く態度、聞く空気感、相手を受け入れる姿勢——。話す人に無理強いをせず、聞く人が話しやすい環境をつくっていけるといいですよね。

すると、話すことがまとまっていなくても、小声でも、言ってみようという気になれるもの。話すのが苦手な子でも、本当はいろいろな想いをたくさん抱えていたりします。「聞いてもらえている」と感じると、ものすごい勢いでしゃべり出したりします。安心して"しょぼい"話をできるような関係をつくっていきたいものです。

そこで、**まずはグラウンドルールをつくっておきましょう**。グラウンドルールも、ファシリテーターが決めてしまうよりは、全体から意見を募って「どうしたら話しやすいだろう？」と一緒に考えながらつくると、自分たちでルールを守ろうという意識も高まります。

例えば、「誰かが話をしているときには、話し手が嫌だと思う態度で聞かない」。では、「話し手が嫌な態度」とはどんな態度か、意見を出し合ってもいいですよね。

　グラウンドルールをみんなで決めて、どこか見えるところに貼っておき、WS の最後に今日はそれを守れたのか振り返る。そして、もし次回も同じメンバーで WS を行う継続的なものならば、次回の冒頭でグラウンドルールと前回の反省をシェアしてもらい、グラウンドルールを見直してもいいでしょう。それも、ファシリテーターが決めるのではなく、参加者が感じたこと、見直したいことを出してもらったほうが、全体の共有ルールとして受け入れられます。

グラウンドルール例

- 近くの人たちと話しすぎない、隣同士だけで話をしないなど、周りのことを考える
- 自分が話すときにみんなの目を見て話す
- あまりに内容から逸れた話をしない
- 単なるおしゃべりじゃないようにする
- 話している人が話しやすいように相づちを打つなど相手の話を聞く姿勢に気をつける
- 誰の意見でもしっかりと耳を傾ける
- 発言が少ない人に話を振ってあげられるように周りをもっと見る
- 司会のような役割の人がいなくても、みんなが自由に対話できるような雰囲気をつくる

　特に、中高生よりさらに幼い低学年男子などの場合は、話すことを無理強いしたり、話したことについて茶化したりしてはいけません。まだ大人のやりとりに慣れておらず、言葉を真に受けて傷ついてしまうこともあります。女子の場合ももちろん注意は必要ですが、小学生男子だから面白がるだろうと、ついついファシリテーターも気が緩みがちなのです。

　多感な年齢の子どもたちや学生たちとの WS は、みんなで話しやすい空気づくりから始めたいですね。

回答者
佐野 和之

Q.16 海外の人とでも アイスブレイクできる？

A. もちろん！ 言葉より体や物を使って表現しよう。

異なる言語やバックグラウンドを持つ海外の方々とでも、もちろんアイスブレイクはできます。ルールや目的の説明に多少は言葉が必要ですが、言葉以外でも伝わるような内容にすれば、始まってしまえば打ち解けることができるでしょう。

体や物を使って表現するアイスブレイクなら、最低限の単語レベルで意図を伝えることができます。

過去にも、私の勤務校において海外から来た留学生たちと本校の生徒たちで WS を開いたことがあります。自分の国の「よいところ」「弱いところ」をそれぞれ紙に書いてもらい、そのうえで「それぞれの国のよさを互いの国にとり入れて活かすには、どうしたらいいと思うか」というテーマで、LEGO® を使って作品にしてもらいました。

紙に書いてもらったのは、相手に発表するためではなく自分の中で整理してもらうためなので、ここでは母国語で表現してもらいました。そして、その紙を参考にして LEGO で作品を作る時間をとり、できた作品を簡単な英語で説明してもらいました。

もっと説明が少なくてすむアイスブレイクなら、例えば「互いの国の間に橋をかけよう。お互いに渡りたくなる橋を作ってみよう！」というテーマや、「互いの国で一番自慢したいことを LEGO で作って表現しよう」というお題でもいいかもしれません。

LEGO がなければ、絵でも折り紙でも工作でも何でもいいのです。ジェスチャーゲームなどでもいいかもしれませんね。

言葉が共通していない分、体や物を使って表現し合ってみるのも楽しいですよ。

回答者
児浦 良裕

Q.17 SNS世代、リアルの場で本音を引き出すには？

A. 失敗してもいい安心安全の場をつくろう。

SNS世代と言われる若い世代は、幼い頃からITツールが日常にあり、ネットでのコミュニケーションに慣れています。学校でWSの経験も豊富なので、話し合いなどもうまくまとめることができたりします。そうした場ではもっともらしくきれいにまとめていても、それが本音であるとは限りません。SNSの「本アカウント」と「裏アカウント」を使い分けて、まったく違う内容を投稿している人もいるとも言われていますね。

では、どうすれば顔を合わせる場面でちゃんと本音を言ってくれるでしょうか。

人が本音を出しやすくするには、共通体験をすることです。特に体を使ったり、精神的にきつかったりするような、肉体的あるいは精神的にストレスをかける共通体験をすると本音が出やすいそうです。そのため以前は、結束を強めるために精神的に圧迫を与えるような研修やトレーニングをする企業などもありました。

みんなに失敗をする経験をしてもらうのもその1つです。

相手の表情や心理を考え、本音を引き出せるかどうかは、AIと人間の違いかもしれないですね。WSの場では、心理的安全性が高いかどうかが参加者の本音を引き出す大きなポイントになってきます。失敗ができる雰囲気、失敗しても気にならない雰囲気をつくっていくことが大事です。

また、うまくきれいにまとめられる相手だからこそ、「準備させない」というのも有効かもしれません。急にやらせて不意をつくことで、自分で意識していなかった言葉や感情が出てきたりします。

さらに、WSの説明のときに具体例を伝えるようにしています。「こんなことを言ってもいいよ」とか「こんな風にしてもいいよ」などと自己開示のレベルを具体的に示すことで、「そこまで言ってもいいのか」と安心してもらうことができます。

回答者
松場 俊夫

Q.18 参加者の特性を見極めるには？

A. 会場には4種類の特性の人がいると考えておく。

人間の特性を見分けるのはなかなか難しいかもしれませんが、米国の心理学者ウィリアム・M・マーストン博士が提唱したコミュニケーション理論の1つに、「DiSC理論」というのがあります。これは、人の性格や行動パターンに基づき4つの特性を想定し、それぞれに適したコミュニケーション方法を提案するものです。

私はこのDiSCを学んだことで、人にはこの4つの特性の強弱バランスがあり、WS会場にはさまざまなニーズを持った人がいるので、それぞれのニーズを満たせるようなコミュニケーションを心がけるようになりました。この4つの特性を知っておけば、自分の準備でも役に立つのでご紹介します。

D（Dominance）＝主導

こんな人：直感的で決断が早い。意志が強く、勝ち気でチャレンジ精神に富み、行動的で結果をすぐに求める傾向がある。

適したコミュニケーション：このWSや研修に何のメリットがあるのか知りたい人なので、どんな目的やゴールに向けて行うのかを最初にきちんと説明してあげるようにしています。

i（influence）＝感化

こんな人：楽観的で社交的。いろいろなチームに加わり、アイデアを分かち合い、人々を励ましたり楽しませたりすることを好む。

適したコミュニケーション：みんなが楽しみ、自分も楽しむことを重視する人なので、できるだけ意見を言えるチャンスを増やしたり、真面目なWSの合間にも、楽しめるような要素も加えたりするように心がけています。

S（Steadiness）＝安定

こんな人：思いやりがあり、協力的。人助けが好きで、表立つことなく働くことを好み、一貫性があり予測可能な範囲で行動し、聞き上手。
適したコミュニケーション：自分よりも参加者全員が仲よくなれているか、楽しめているかなどを気にするので、どんな意見でも失敗でも互いに受け入れられる安心安全の場なのだということを伝えておくようにしています。

C（Conscientiousness）＝慎重

こんな人：綿密で正確。仕事の質を高めることを重視して、計画性を持って系統立った手順で作業することを好み、間違いのないように何度も確認する。
適したコミュニケーション：物事の詳細を知りたい人なので、この WS が必要とされたバックグラウンドを丁寧に説明し、ファシリテーター自身が自己開示したりすることで理解を得られると思います。

　会場にこの 4 つの特性を持つ人たちがいると頭に入れておき、どれもおろそかにしないようにするといいと思います。自ら行動を起こす特性が強そうな人に話を振ってみたり、安定や着実さを求める特性が強い人のために「今日の WS は 17 時に終わります」と伝えて安心させるなど、全体への声がけも少し変わってくるでしょう。
　なお、正確な分析にはアセスメントが必要です。15 分程度の設問に回答することで、自分の行動スタイルを詳細に分析するレポートが出力されます。それによって参加者を詳細に分析し、参加者自身の自己理解を促進できます。

DiSC の 4 つの特性

※ DiSC および Everything DiSC は John Wiley& Sons 社の商標です。
日本語開発および総販売代理権は HRD 株式会社が保有しています。

回答者
白土 詠胡

Q.19 自分でオリジナルの アイスブレイクを つくりたかったら？

A. 仕掛けすぎず、考える自分も楽しもう。

ア イスブレイクという言葉はいまやどこでも聞きます。しかし、「みんなが楽し
めるアイスブレイクを考えなきゃ」と気負う必要はありません。無理にアイス
（氷）をブレイク（砕く）しようと思わないほうがいいかもしれません。コントロー
ルしようとするより、ある意味、肩の力を抜くくらいでいいのです。

ナチュラルにアイスが溶けていく。知らない人同士の距離が少し縮まる。いままで
知っていた仲間でも、少し別の面が見えたりする。自然な笑顔が出る。率直な感情が
出てくる。「自分もみんなも一緒に楽しめたらいいな」と思えるのなら、それでいい
のです。
　仕掛けすぎる必要はありません。オリジナルのアイスブレイクを考えているあなた
も楽しめているでしょうか？

　自分がいまどういう感覚か、意識を向けてみてください。
　自分が緊張していたり、堅くなったりしているとつまらなくなってしまうので、自
分自身を溶かすところからスタートしてみましょう。
　完璧なアイスブレイクをつくる必要はありません。「自分がやってみたら楽しかっ
たので、みなさんもちょっと一緒にやってみませんか？」くらいの姿勢で十分です。

回答者
佐野 和之

Q.20 ファシリテーターの気持ちを整えるには？

A. それぞれ自分に合った整え方を見つけておこう。

ファシリテーターはできるだけ安定した状態で参加者の前に立ち、安心安全の場づくりをしたいですが、人間ですから日常のできごとなどで、心に小波が立つことだってあります。少しでも心穏やかな状況でWSのスタートに立つために、ワークショップ探検部の先生たちの心の整え方を紹介します。

「九字護身法」「十字の秘術」 ＞児浦 良裕

私は昔から忍者が好きで、忍者について調べていました。そこで、私は心に小波が立ったときは、忍者が精神統一し、恐怖心を打ち消す自己暗示に使っていたという「九字護身法」を行うことがあります。「臨・兵・闘・者・皆・陣・列・在・前」の呪文を唱えながら手印を結びます。

それでも気持ちが整わなければ、「十字の秘術」を使います。「天」「龍」「虎」「王」「命」「勝」「是」「鬼」「水」「大」の中から1文字を選び、手のひらに書いて飲む真似をしたり握ったりするのです。それぞれの字には状況に応じた用途があり、その時々で選びます。人前で緊張しないように、「人」という字を手のひらに書くのと似ていますね。

心を落ち着けるというよりは、苦しんでいる人を助けに行くのだとイメージし、この呪術で戦いに出るように気合いを入れ直しています。

「歩く瞑想」 ＞佐野 和之

マインドフルネスが以前話題になりましたが、私は日常的に瞑想をとり入れています。そのうちの1つが、歩く瞑想。授業間に教室を移動する際に、瞑想しながら歩くことがあります。足の裏に意識を集中して、普通に歩けば1分程度の距離を、休み時間の10分くらいかけて、ゆっくりゆっくり歩くのです。

「なぜそんなにゆっくり歩いているんですか？」「何かあったんですか？」と聞いてくる生徒もいますが、 Q.8 でも回答したように、私は授業の最初におりんを鳴らして瞑想する時間を持つこともあるので、生徒たちもだんだんと慣れてくるようです。ゆっくり歩きながら、それだけに集中しているうちに呼吸も整い、気持ちも落ち着き、次のスタートによい状態で立つことができます。

「瞑想」「見に行く」＞白土 詠胡

心が落ち着かないときは、瞑想をします。畑の中を歩きながら、電車の中で目を閉じて、参加者から離れたいときはトイレの個室で（笑）、よく瞑想をします。いろいろなことを考えてしまうより、意識を１つのことに向ける機会になっています。

瞑想に慣れていない人でも、イヤホンやヘッドホンで音を遮断したり、呼吸をガイドしてくれるアプリなどを活用したりして、自分だけの空間をつくりながらやってみるといいかもしれません。

それでも心が乱れることは、もちろんあります。そういうときには、**「必要なことが起こっている」と思うようにしています。そして、「何が起こっているのか」「何に気が立っているのか」「何が不安なのか」を自分の内部へと " 見に行く "（＝確認する）** ようにしています。

すると、例えば「朝ごはんのことで子どもと言い合いになってイライラしてる」という気持ちから、「なぜ？」とどんどん落とし込んでいくことで、「朝はバタバタしてしまったから焦ったけど、本当は家族でゆっくりごはんが食べたかったんだ」という内なる願いが見つかってきたりします。

何かに不満があるときは、たいてい何らかの願いが根本にあるのです。それが見つかると、感情的になっている自分の中のドラマに終止符を打ち、「じゃあ夕飯はみんなで楽しく食べよう」と転換できます。

短い時間でもイライラや不安、悲しみなどと向き合って " 見に行く " ことで、心が落ち着きをとり戻し、転換できるようになると思いますよ。

「クリスタルで胸を叩く」＞広江 朋紀

私は自然の持つ力は偉大だと感じており、クリスタルをいくつか身近に置いてパワーをもらっています。その中でもお気に入りはアホーアイトインクォーツのクリスタルで、常に身につけています。

鮮やかなブルーの色が入った特徴あるクリスタルで、青い色は第５チャクラ（喉

のチャクラ）とつながっていると言われます。喉のチャクラは、自分の真実や想いが言葉に出てくると言われます。WS や研修などの前に心を整えるときには、首に下げたクリスタルに近い胸元を 2 回トントンと叩くことで気持ちがスッと整い、「今日は大丈夫」と自分にスイッチが入ります。

「事前シミュレーション」＞松場 俊夫

　私はあまり緊張しないほうなので、いつも通りの平常心ということが多いです。時には、最初の「おはようございます！」で噛んでしまうこともあるほど緊張していない（笑）。でも、それで「ちょっと噛んじゃいましたね～」と笑って、会場がリラックスムードになるのでよいかなと思っています。

　ただ、**研修や WS の前日には毎回、最初から最後までスクリプトを作り、シミュレーションをします**。実際にどう進むかイメージし、ここで時間が押しそう、その分ここで巻き返そう、というところまで想定してみます。

　さらに、アイスブレイクなども「とりあえずこれをやろう」と決めているものの、会場の雰囲気や流れを見て変えることも視野に入れ、別のパターンも用意しています。

　その時々の状況によって複数のパターンを事前に考えて用意しておく、というのは長年アメフトに関わってきたため身についたクセかもしれません。試合の流れをいくつものパターンで綿密にシミュレーションして用意しておく。これができるかどうかが、アメフトでは勝負を決めます。だからこそ、私はいまでも前日に綿密なシミュレーションをしています。

　そして、前日は早く寝るに限りますね（笑）。

ワークショップ探検部
ミーティング02

AI 時代の
ファシリテーターの
役割とは

Chat GPT は ファシリテーションできる？

広江　Chat GPT が話題ですが、今後はいろいろな仕事が AI にとって代わられると言われていますよね。

松場　実は、私は Chat GPT に WS のアイデアを出してもらったことがあります。いい WS はないかと聞いたら、よさそうなものを 4 つくらい挙げてくれて、その中の 1 つからヒントを得たものを、今回紹介しています（IB02）。

そうなると、ファシリテーターの役割って何だろうと思ったりします。

広江　**人間って何を言うかよりも、誰が言うかに影響される性質がある、感情で生きている生き物**ですよね。同じことを言われるのでも、「この人が言うなら乗ってみよう」というのもありますよね。

場とインタラクションをしたり、反応を見て伝わっていないことに対して補足や言い直しなど調整したりできるという双方向性も人間ならではかな、と思います。

松場　Chat GPT に「参加者がノってこないけどどうしたらいいだろう？」と聞いてみたいですね（笑）。

佐野　「生徒のモチベーションが高められない先生にどういう研修をしたらいい？」と Chat GPT に聞いてみたら

ちゃんと返事が来て、それにまた返していくうちに対話ができました。もちろん違和感はありますが、壁打ちのように使う分にはいいのかもしれないですね。

ただ、**体温が伝わるやりとりは、やっぱり人と人の間では必要**だと思います。

白土　ファシリテーションすることへの緊張もあるし、好みや苦手があったり、デコボコがあるからこそ、いろんな「味」が出せる気がします。

AI は正解を出してくれるし、従順で逆らわない。でも、**人間だからファシリテーションを間違ってもいい。間違いをきっかけに、何か本音が出てきたりもします。間違うし、好き嫌いがあるし、デコボコだからいい**、とも言えますよね。

農業は「勘とコツ」とずっと言われ続けてきたんですが、そんなことはなくて、実はすべて科学的に説明ができます。人間の記憶は本当に曖昧なもので、「去年のいま頃の天気はこうだった」などと言うんですが、データと照らし合わせたら全然違う。だから相対的に AI のほうがいいんです（笑）。

それでも、農家さんが試行錯誤して、丹精込めて作ったということを知ると、よりおいしいような気がしてしまうんですよね。そこは機械には出せないところです。

児浦　**機械では想定外が起きづらい。でも、想定外が面白いこともあります**

よね。以前、海外から来た留学生と
LEGO を使った WS をしたら、LEGO
を逆さまにし、想定外の使い方をして
びっくりしたことがあります。彼らの
想定内と私たちの想定内の違いが面白
かったです。

松場　そういう意味では、ファシリ
テーターという仕事は人間であるべきな
のですかね（笑）。

佐野　ただ、オンラインでのファシリ
テートは、AI のほうが精度が上がって
くる可能性はありますよね。

松場　確かにそうですね。私たちがど
んなに気をつけていても、参加者全員
の表情や変化に同時には気づけないで
すが、カメラで参加者の心拍数や目線
や声のトーンで変化を一気に読み取
る、ということができるようになる可
能性もあります。

佐野　そうなると勝てないですね。

白土　これはもう電気を止めるしか
……。

一同　（爆笑）

松場　役割を切り分けていくことにな
るのかもしれないですね。この部分は
人間で、この部分は AI で、と。アバ
ター講師やメタバースでの WS もす
でに始まっています。いまはリアルな
世界の補完でしょうが、いずれは融合
していくのかもしれないですね。

 ## ホールドする場は ファシリテーターの鏡

白土　ファシリテーターという言葉っ
て、本書でも私たちの周囲でも当たり
前に使っていますが、この役割になか

なか慣れないという人もきっと多いですよね。

ファシリテーターはただ WS を進行させ、参加者を理解するというだけでなく、自分自身のことを理解しているということが大事ですよね。**自分がどう見られるのかを把握し、その場にどういうインパクトを与えるのか考えて動いたり言葉を発したりする必要がある**と思います。

ノウハウ本を読むのも大事ですが、自分の与えるインパクトを自覚し、自分がどうありたいのかを把握して場にのぞむのは大事だなと思います。

佐野 **ファシリテーションに、その人のあり方が滲み出ている**ということですね。

広江 私は**研修などの中身や自分の立ち位置によって、無意識の中であり方を変えている**気がします。

その道の専門家としてのぞむときと、ファシリテーターとして親近感を持ってもらいたいようなときは切り替えます。今日は話を進めなくてはというときはバシバシ切っていく必要があるかもしれないけれど、参加者から本音を引き出したいなら寄り添いながら話に入っていくことも。そうした変化はつけているかもしれませんね。

児浦 以前は、男子中学生相手には少し厳しめなファシリテーションをして、高校生や大学生など上の年齢に対しては少々ふざけるなど柔らかくしていました。中学生は、はしゃぎすぎることがあるので一生懸命抑えなきゃと思っていたんですよね。

でも、いまはあまり変えなくなってきました。まあ、はしゃいでもいいか、と（笑）。それでも、相手の年齢によって多少変える部分もあるかもしれませんね。

佐野 私は、実は生徒が相手でも先生など大人が相手でも、あまり変わらないんです。そういう意味では、松場さんは、本当にもうお会いした瞬間からフラットで「すべてを受け入れます」という感じのオーラが出ていて、声のトーンと雰囲気で、もうアイスブレイクされている。

松場 私も、相手が企業の役員でも新入社員でも有名アスリートでも、このままなんですよ（笑）。

昔はその場をなんとかしなきゃと無

理してがんばっていたけれど、弱みを
出せるようになるとファシリテーショ
ンも変わってきますよね。

「1時間押してるんですけど、みなさんどうしましょう？　これ、17時に終わらないですよね」と、参加者に投げかけちゃったりもします（笑）。

場は「鏡」だと思っています。自分が強がっていたら相手も強がるし、自分が本音を言えば、参加者も本音を出してくれます。場の力ってすごいですよね。

佐野　「この場をどうにかしなきゃ」と思えば思うほど、どうにもならなくなってしまいますしね。

白土　確かにそうですね。別に、ファシリテーターが権威である必要はないんですよね。

この人は何があっても逃げない人で、場をホールドする、ちゃんと進行する人だと伝わればいいんです。

"ホールドする"とは コントロールではない

白土　逆に言うと、ファシリテーターがやってはいけないのは、何かが起こっているときにファシリテーターだけの課題として抱え込んでしまうこと。むしろ、「場としての課題」としたほうがいい。

松場　ホールドとコントロールは、違いますよね。コントロールしようとすると、参加者も「コントロールされている」と気づいて違和感を抱いてしまいます。

佐野　「自分がこの場をつくっているんだ」という意識が強すぎると、何かが起きたときに、「自分の責任だ」と思ってしまう。

でも、みんなでその場をつくっているのであり、ファシリテーターもその一員だと思うんです。

児浦　学校では生徒と先生という関係なので、つい上の立場からものを言ってしまいがちですが、WSではできるだけフラットな関係になるようにしています。私がいなくても、生徒たちだけで進行するくらいがちょうどいいと思っています。

広江　みんな一人ひとりが場をつくっていると参加者に思ってもらう働きかけも必要ですね。

「今日の場は、一方的に講師が何かを伝えるのではなく、この目的のためにみんなで対話をする、みんなでつくる場です」という話を最初にきちんとしますね。

佐野　私もそういうグラウンドルールをつくったりしますね。みんなに意見を出してもらって合意をとりながら。WSの最中もときどきそこに立ち返ったり、見えるところに貼っておいたりします。

広江　グラウンドルールがあると、場が安定しますよね。あとは、「今日はこんな問いで、ここまでやりたいと思っています」と、バックステージというか、段取りを先に見せておくのもいいですよね。

ファシリテーターは、いろいろなプロセスを用意していますよね。この問いを扱って、それが終わったらこれをやって……と。でも、小出しにして見せると、参加者は「これって何が目的だろう？」「次は何をさせられるんだろう」と不安になってしまう。

先にすべてのプロセスを見せておくと、場が安定します。

白土　ファシリテーター自身も、もちろん迷いが生じたり不安になったりすることはありますよね。

例えば、その日の朝、家でつい子どもに怒ってしまって、「あんなことを言ってしまった……」と、その棘が刺さったままのような状態になることもあります。

でも、そうした落ち着かない感情をWSや研修までひきずらないようにしています。

広江　私たちも人間ですから、感情の起伏はありますよね。ファシリテーターとして前に立つときに、それをひきずってしまうことのないよう、それぞれ自分との向き合い方を持っている気がします。Part 6の Q. 20 にその回答があるので、ぜひ参考にしていただけたらいいですね。

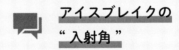

アイスブレイクの "入射角"

白土　ファシリテーターとして場はホールドしておきたいですが、アイスブレイクという意味では、参加者にとっての「想定外」を用意したいとも思っています。「こんなことをやらされるのか」と。

それによって、普段は出てこない自分が引き出されるのではないかと思い

ます。

広江　自分も、冒頭で「非日常の場」
をつくれるといいなと考えています。

**WS は、ビジネスパーソンからする
と非日常の場**だと思うんですよね。だ
からこそ、「今日の場は面白そうだな」
とか、「いつもと何か違うな」とか、
「この角度は初めてだ」という印象を
持ってもらいたいなと。そう思いなが
ら、アイスブレイクを設計していま
す。

**何かいつもと違う"入射角"をつく
れないかなと、たくらみながらアイス
ブレイクを考えています**ね。考えるほ
うがワクワクしているという。

松場　それによって、1 日が決まって
しまいますからね。

アイスブレイクとゲームは何が違う
かというと、「楽しかった、以上！」
で終わるかどうかですよね。ただのゲ
ームなら、それでもいいのかもしれま
せん。

一方、**アイスブレイクは緊張をほぐ
したり、心理的安全性や学ぶ姿勢、相
互理解などを醸成するものだと思いま
す。**

**よいアイスブレイクが、その後のよ
い場をつくってくれる。**だからこそ、
アイスブレイクを大切にしたいですよ
ね。

ブックデザイン　杉山 健太郎
イラスト　　　加納 徳博
編集協力　　　岩辺 みどり
DTP　　　　　BUCH⁺
写真　　　　　工藤朋子

そのまま使える
アイスブレイクのアイデア帳

会社でも学校でも確実に“場”が暖まる 33 選

2023 年 12 月 6 日初版第 1 刷発行
2024 年 5 月 15 日初版第 2 刷発行

著者	ワークショップ探検部
	松場 俊夫
	広江 朋紀
	児浦 良裕
	佐野 和之
	白土 詠胡
発行人	佐々木 幹夫
発行所	株式会社 翔泳社 (https://www.shoeisha.co.jp)
印刷・製本	中央精版印刷 株式会社